宁波市地方标准规范

城市隧道养护技术规程

Technical Specifications of Maintenance for City Tunnels

DB 3302/T 1104–2019

主编单位：宁波市市政设施中心
参编单位：宁波市城市管理研究中心
宁波大学
浙江省长三角标准设计研究院
批准部门：宁波市市场监督管理局
实施日期：2019 年 8 月 24 日

浙江工商大学出版社 ZHEJIANG GONGSHANG UNIVERSITY PRESS | 杭州

图书在版编目(CIP)数据

城市隧道养护技术规程 / 宁波市市场监督管理局发布. — 杭州 ：浙江工商大学出版社，2019.10
ISBN 978-7-5178-3536-3

Ⅰ. ①城… Ⅱ. ①宁… Ⅲ. ①城市隧道－隧道维护－技术规范 Ⅳ. ①U459.9-65

中国版本图书馆CIP数据核字(2019)第233211号

城市隧道养护技术规程

Chengshi Suidao Yanghu Jishu Guicheng

宁波市市场监督管理局 发布

责任编辑 张婷婷
封面设计 林朦朦
责任印制 包建辉
出版发行 浙江工商大学出版社
（杭州市教工路198号 邮政编码 310012）
（E-mail：zjgsupress@163.com）
（网址：http://www.zjgsupress.com）
电话：0571-88904980，88831806（传真）
排　　版 杭州彩地电脑图文有限公司
印　　刷 杭州高腾印务有限公司
开　　本 850mm×1168mm 1/32
印　　张 3.25
字　　数 79千
版 印 次 2019年10月第1版 2019年10月第1次印刷
书　　号 ISBN 978-7-5178-3536-3
定　　价 26.00元

前　　言

本标准按照 GB/T 1.1—2009 的规则起草。

本标准由宁波市城市管理局提出并归口。

本标准起草单位：宁波市市政设施中心、宁波市城市管理研究中心、宁波大学、浙江省长三角标准设计研究院。

本标准起草人：俞斯达、肖旻、张存才、占义炉、冯科、王国权、周欢来、陶俊、张洁敏、刘干斌。

目　　次

1 范 围

本标准规定了城市隧道养护的基本要求、人员、设备、检查与评估、土建设施、机电设施、附属设施、安全与应急管理、检查与验收、档案管理等内容。

本标准适用于宁波市竣工验收后交付使用的城市隧道的养护维修。人行地道和轨道交通地下隧道的养护不适用于本标准。

2 规范性引用文件

下列文件对于本文件的应用是必不可少的。凡是注日期的引用文件，仅所注日期的版本适用于本文件。凡是不注日期的引用文件，其最新版本（包括所有的修改单）适用于本文件。

GB 50108　地下工程防水技术规范

CJJ 36　城镇道路养护技术规范

JTG H12　公路隧道养护技术规范

JGJ/T 212　地下工程渗漏治理技术规程

JGJ 46　施工现场临时用电安全技术规范

JGJ 80　建筑施工高处作业安全技术规范

DB 3302/T 1069　城市道路养护技术规程

DB 3302/T 1082　城市桥梁养护技术规程

3 术语和定义

下列术语和定义适用于本文件。

3.1 城市隧道

指建成区内城市道路上修建的，供车辆通行的隧道及其附属设施。

3.2 养护等级

根据城市道路等级、城市隧道类别和隧道位置等因素，对城市隧道划分不同等级，实施差异化的养护标准和养护频率。

3.3 土建设施

主要是指隧道的各类土木建筑工程结构物，包括洞口、洞门、引坡挡墙、主体结构、路面及地面、非机动车道及辅助通道、防排水设施、吊顶及预埋件、内装饰、防火板、安全保护区域内雨（污）水管道等结构物。

3.4 机电设施

为隧道运行服务的相关设施，包括供配电设施、照明设施、通风设施、给排水及消防设施、监控与通信设施及其他工程设施等。

3.5 附属设施

为保证隧道安全运行所配置的相关设施，包括电缆通道、设备洞室、洞口限高门架、减光设施、洞口引道绿化、洞口雕塑、附属房屋设施等。

3.6 安全保护区域

为防止周边施工作业对隧道的结构安全造成影响，在隧道红线周边各30m范围划定，水底隧道安全保护区参照《宁波市水底隧道管理办法》执行。

4 基本要求

4.1 根据养护维修工程性质、工程量大小、技术难易程度，养护工程宜分为日常养护、小修、中修、大修、抢修五类，且应符合下列规定：

a）日常养护是指对城市隧道进行日常保养，包括日常巡查、清扫保洁、保养维修和病害处治等内容；

b）小修是指对城市隧道的一般性损坏进行修理或修补，使其保持完好状态的作业；

c）中修是指对城市隧道较大的损坏进行综合治理，恢复城市隧道原有的技术水平和标准的工程；

d）大修是指对城市隧道因不适应现有交通量增长的需要或隧道结构严重损坏，需恢复、提高原有技术水平和标准，提高其运行能力的工程；

e）抢修是指对城市隧道出现的严重影响隧道结构及交通安全的病害进行紧急治理，尽快恢复其使用功能的工程。

4.2 城市隧道经检测确定其运行质量达不到要求或其功能、性能无法满足应用和管理要求，经维修后仍无法达到或满足要求时，应安排大、中修。大、中修宜结合专项检查报告的意见，按照相关规定执行。

4.3 城市隧道应进行检查评估，根据检查结果评定隧道的技术状况，并结合隧道交通运行状况、设施技术状况以及病害程度、地质条件等，制订相应的养护计划和实施方案。

4.4 城市隧道的防水、排水、供配电、照明、消防和监控等设施，必须齐全有效。

4.5 应根据城市隧道养护要求，配备必要养护设备及专业养护技术人员。

4.6 隧道内养护作业不中断交通时，作业区间必须按规定设置明显的安全警示标志，并采取必要的安全措施。养护作业必须文明养护，做到工完、料清、场净。

4.7 根据隧道引道节点间的距离，城市隧道类别应符合表1的规定。

表1 城市隧道类别

城市隧道类别	城市隧道长度
Ⅰ类	长度≥1000m
Ⅱ类	500m≤长度<1000m
Ⅲ类	长度<500m

4.8 城市隧道养护应划分隧道养护等级，并参照等级实施养护。根据城市道路等级、城市隧道类别和隧道位置，城市隧道养护等级可分为三个等级，见表2。

表2 城市隧道养护等级

城市道路级别	城市隧道类别		
	Ⅰ类	Ⅱ类	Ⅲ类
快速路	一级	一级	一级
主干路	一级	二级	二级
次干路、支路	一级	二级	三级

注：位于城市集会中心、繁华商业区、风景游览区、重要生产科研区及生活区的隧道，除养护等级已为一级外，养护等级应提高一个级别。

4.9 在城市隧道安全保护区域从事工程作业，应提交养护管理单位审批，并接受监督；对可能影响城市隧道结构安全的工程作业，应提交专项施工方案，并应进行专家论证。

5　养护人员

5.1　城市隧道养护人员配备数量和专业性应满足养护工作需要，专业技术工种需持证上岗。

5.2　城市隧道养护宜以座为单位建立工程师制度，并应按表3配备养护技术人员。

表3　城市隧道养护技术人员配备

养护类别	职称/数量（个）	专业	养护工作年限（年）
Ⅰ	高级≥1， 中级≥2	土木、机电等相关专业，各不少于1个	≥5
Ⅱ、Ⅲ	中级≥2	土木、机电等相关专业，各不少于1个	≥3

5.3　每座隧道应配备1～2人进行城市隧道内业及资料的管理工作，养护技术人员应定期进行培训。

6 养护设备

6.1 一般要求

6.1.1 应建立健全城市隧道养护设备管理组织机构。

6.1.2 城市隧道养护设备应实行统一管理、统一调度，规范使用。

6.1.3 一般设备操作人员上岗前应进行培训，特种设备操作人员应取得有关部门颁发的证件，方可上岗。

6.1.4 宜落实节能降耗措施，积极推广和应用新技术、新工艺、新材料。

6.1.5 应定期对设备管理、维修及操作人员进行业务技术培训，并组织开展相关技能竞赛活动，不断提高城市隧道养护人员的业务素质。

6.2 设备使用管理

6.2.1 城市隧道养护设备应建立严格的使用岗位责任制，实行专人管理和使用，多班作业时应建立严格的交接班制度。

6.2.2 城市隧道养护设备操作人员应掌握设备的构造、原理和性能，熟悉操作技术，遵守操作规程。

6.2.3 城市隧道养护设备应定期保养，严格执行保修规程和技术标准。

6.2.4 有未达到下列技术要求之一的，设备不得投入使用：

a）各机构连接良好，运转平稳无异响，动力性、经济性良好；

b）外观整洁，装备齐全，各部件连接紧固可靠，并达到“四不漏”（油、电、水、气）；

c）转向机构符合技术标准，各润滑部位良好；

d）操作系统灵活可靠；

e）制动效能符合技术标准；

f）电气设备和安全防护装置齐全。

6.2.5 城市隧道养护设备应按核定负荷作业，不得超负荷运行。出现故障应及时停机整修。

6.2.6 城市隧道养护设备均应做到集中、分类、整齐、有序入库存放，且有专人看管。

6.3 设备配备

6.3.1 城市隧道养护设备应根据隧道养护和维修的实际需求配置，配置标准应符合下列规定：

a）大型设备可集中管理，多座隧道共用；

b）小型工具应普遍装备；

c）城市隧道专用养护设备配置标准宜符合表4的规定。

表4 城市隧道专用养护设备配置标准

序号	养护类别	设备名称	主要用途
1	日常养护	登高作业车	高空设施养护维修
2	日常养护	巡查车	日常巡查
3	日常养护	发电机	养护维修应急供电
4	保洁作业	侧壁清洗车	侧墙等清洗
5	保洁作业	高压清洗车	护栏、防撞墙等清洗
6	定期检测	CO 测试仪	一氧化碳检测

续 表

序号	养护类别	设备名称	主要用途
7	日常养护	高压用具	日常巡查
8	定期检测	照度仪	灯光照度检测
9	定期检测	裂缝测宽仪	土建结构检测
10	定期检测	裂缝测深仪	土建结构检测
11	定期检测	回弹仪	土建结构检测
12	应急保障	潜污泵	应急排水

6.4 安全生产与维修保养

6.4.1 城市隧道养护设备的安全生产应符合下列规定：

a）应建立健全设备安全生产制度，定期或不定期地进行安全检查，采取相关措施，确保各类设备安全生产；

b）城市隧道养护设备应进行定期检测，及时排除故障和隐患，保持设备技术状况良好；

c）设备操作人员应严格遵守安全操作规程，确保安全生产。

6.4.2 城市隧道养护设备的维修保养应符合下列规定：

a）设备的安全防护装置应安全可靠；

b）设备的日常保养和一级保养作业应由操作人员进行，二级及以上保养应以专业人员为主、操作人员为辅进行，并做好相关记录；

c）各类仪器仪表应定期或不定期校对数据，并观察准确度、灵敏度。仪器的准确度、灵敏度未达标时，宜送至厂家进行专业维修调整，需计量监督部门检验的必须送检；

d）应合理储备维修备件，配套设备、零件和专用工具均应妥善保管，不得变形、损坏、锈蚀、错乱或丢失。

6.5 设备资料管理

6.5.1 应对设备情况进行登记，并建立台账；应全面、准确、及时和完整地填写好设备使用与维修记录。

6.5.2 设备自购进之日起应及时、准确、完整地建立和保管技术档案。设备技术档案应包括下列内容：

a）设备购置相关文件与购置合同；

b）设备的使用及维修保养说明书、出厂合格证、零配件目录、安装图纸；

c）设备的附属装置、随机工具和备件登记表；

d）设备保养、维修记录表，检测仪器设备校验、年检记录。

7 检查与评估

7.1 一般要求

7.1.1 城市隧道的检查分为结构监测和健康监测，宜选择典型位置，并采用无损检测方法。

7.1.2 城市隧道附属设施监测宜与主体结构监测同期进行。

7.1.3 承担检查任务的单位应具有相应资质，监测报告应规范、真实、完整、有效。

7.1.4 城市隧道必须按规定进行检查评估，及时掌握隧道的基本状况，并采取相应的养护措施。

7.1.5 城市隧道检查评估工作应包括下列内容：

a）检测并记录隧道当前运行能力；

b）掌握车辆和工程环境的改变给运行带来的影响；

c）跟踪结构与材料的使用性能变化；

d）对隧道检查结果进行评价，将评价结果提供给养护管理部门。

7.2 结构监测

7.2.1 严重不良地质地段的隧道结构，以及隧道重大结构病害或隐患处，应开展运行期隧道结构监测。

7.2.2 结构监测内容主要包括结构变形、受力和地下水状态等，宜包括：

a）隧道整体沉降、节段间差异沉降监测；

b）净空变形监测；

c）洞内裂缝开裂程度监测；

d）渗漏状况监测；

e）洞顶土体沉降与侧向位移监测；

f）结构内力、钢筋应力、土压力监测，暗埋隧道覆土厚度检测，水底隧道管顶淤泥厚度检测；

g）养护管理单位认定的影响隧道安全的其他监测内容。

7.2.3 监测频率不宜小于1次/2月，当发现监测参数快速变化时，应根据实际情况适当加密；当超过安全范围时，应采取紧急措施进行抢修加固，必要时关闭隧道。

7.2.4 监测资料应符合以下规定：

a）监测单位应制订监测大纲，其内容应包括：

1）测试项目、测点布置图；

2）测试仪器的型号、规格及其标定资料；

3）测试频率、各测试项目允许范围；

4）监测资料整理、归档。

b）监测资料应符合下述要求：

1）监测记录应完整、有效，监测数据应及时计算整理，并由记录人、校核人签字；

2）对监测值的发展及变化情况应有评述，当超过结构安全允许范围时，应及时通报养护管理单位；

3）监测结束后，应提交完整的监测报告，包括全部监测项目、监测值的发展和变化情况、监测最终结果及评述等。

7.3 健康监测

7.3.1 Ⅰ类城市隧道宜设置健康监测系统，既有城市隧道的健康监测系统宜逐步建立完善。

7.3.2 隧道健康监测应遵循“安全优先、静力优先、初值优先、重要构件优先”的原则。

7.3.3 监测单位应制订隧道结构健康监测方案，并通过养护管理单位组织的评审。

7.3.4 养护管理单位应对监测单位进行定期考核，建立健全月报、季报、年报评估报告制度。

7.3.5 城市隧道的结构健康监测项目可按表 5 确定。

表 5 城市隧道的结构健康监测项目

监测类别	隧道监测项目
环境荷载	车辆荷载
	水土压力（岩土）
	温度、湿度
	CO/VI 浓度
	照度
结构响应	应力应变
	收敛变形
	沉降
	管片接缝
	位移
	裂纹

7.4 技术状况评定

7.4.1 城市隧道技术状况评定应包括土建设施、机电设施、附属设施技术状况评定和总体技术状况评定。城市隧道技术状况评定应采用分层综合评定与单项控制指标相结合的方法，先对单个检测项目进行评定，然后对土建设施、机电设施和附属设施分别进行评定，最后进行隧道总体技术状况评定。

7.4.2 隧道总体技术状况评定等级应采用土建设施和机电设施两者中最差的技术状况类别作为总体技术状况的类别。

7.4.3 根据城市隧道技术状况、完好程度，其总体技术状况评定结果，可将其划分为五类，其中1类为轻微病害、2类为中等病害、3类为较重病害、4类为严重病害、5类为极严重病害。

7.4.4 应按照表6的规定确定城市隧道养护工程等级与内容。

表6 城市隧道养护工程等级与内容

技术状况评定	养护工程等级	养护内容
1类	日常养护	清洁作业与定期维护
2类	日常养护或小修	可对局部或关键设备进行监测或检查，必要时实施专项工程
3类	小修或中修	应对局部进行重点监测，并实施专项工程
4类	中修或大修	应尽快实施病害处治措施，必要时实施交通管制
5类	大修或抢修	需进行局部重建或改扩建，应实施交通管制，必要时关闭隧道

8　土建设施

8.1　一般要求

8.1.1　土建设施的养护应包括日常巡查、清洁作业、结构检查、技术状况评定、保养维修等内容。

8.1.2　清洁作业的内容应包括扫除隧道内垃圾、清除结构物脏污、清理（疏通）排水设施，保持结构物外观的干净整洁。

8.1.3　结构检查的内容应包括发现结构异常情况，系统掌握结构技术状况，判定结构物功能状态，确定养护对策或措施。

8.1.4　保养维修的内容应包括预防性地对结构物进行维护，修复结构物轻微破损，保持结构物完好状态。

8.1.5　病害处治的内容应包括修复破损结构，消除结构病害，恢复结构物设计标准，维持良好的功能状态。

8.1.6　隧道内路面应符合 CJJ 36 和 DB 3302/T 1069 中的相关规定。

8.1.7　隧道养护产生的垃圾、废水和废渣的处理应符合环保方面的有关规定。

8.2　日常巡查

8.2.1　日常巡查应检查隧道洞口、引道挡墙、封闭段主体结构、路面是否处在正常工作状态，是否存在妨碍交通安全的隐患，主要包括下列内容：

a）洞口、引道挡墙是否存在开裂、倾斜等现象；

b）洞门结构是否存在开裂、砌体断裂、脱落等现象；

c）主体结构是否存在开裂、明显变形、大面积渗水，防火板翘曲、掉块、脱落等现象；

d）洞内路面是否存在散落杂物、严重隆起或沉降、错台、断裂、裂缝、车辙、坑槽和泛油等现象；

e）顶部保护区域内路面是否存在沉陷、严重积水、排水沟严重淤塞、雨污水管道淤塞等影响到隧道安全运行的现象；

f）隧道洞顶预埋件、悬吊件、防火板等是否存在断裂、变形、脱落及渗漏水等现象。

8.2.2 日常巡查频率宜不少于2次/天，台风暴雨、冰冻季节和其他极端天气，应增加日常巡查的频率。

8.2.3 日常巡查宜以目测检查为主，并配备必要的检查工具，填写检查报表。

8.2.4 日常巡查中，发现路面有妨碍交通的障碍物或其他异常情况时，应视情况予以清除或报告，并做好记录。记录方式可以文字记录为主，并配合照相或摄像手段辅助。

8.3 清洁作业

8.3.1 城市隧道土建设施进行清洁作业后应符合下列规定：

a）隧道墙体、内装饰、顶板应保持干净、整洁，无污垢、油污和痕迹；

b）横截沟、排水沟内不应留有大块硬物、塑料制品，排水沟内不得积泥，横截沟积泥厚度不超过5cm；

c）采用湿法清扫保洁时，应防止路面积水和结冰，并应注意保护隧道内机电设施的安全，防止水渗入机电设施。

8.3.2 清洁作业频率不宜低于表7规定的频率。

表 7　土建设施清洁作业频率

清洁作业项目		清洁作业频率		
		一级养护	二级养护	三级养护
路面		2 次 / 天	2 次 / 天	2 次 / 天
内装饰		1 次 / 月	1 次 /2 月	1 次 / 季度
顶板		1 次 / 年	1 次 /2 年	1 次 /2 年
辅助通道		1 次 / 月	1 次 /2 月	1 次 / 季度
排水设施	边沟	1 次 / 月	1 次 /2 月	1 次 / 季度
	横截沟	1 次 / 月	1 次 /2 月	1 次 / 季度
	集水池	1 次 / 半年	1 次 / 年	1 次 /2 年
侧墙、洞门		1 次 /2 月	1 次 / 季度	1 次 / 半年
护栏（中央护栏、非机动车护栏）		1 次 / 月	1 次 /2 月	1 次 / 季度
其他设施（防撞墙，阴角、阳角面，安全门台阶）		1 次 /2 月	1 次 / 季度	1 次 / 半年

8.3.3　隧道清洁应符合下列规定：

a）应制订相应的保洁计划和保洁方法；

b）宜以机械保洁为主，人工为辅。人工保洁应采取相应的安全保障措施；

c）应选择在交通量较小的时段进行，不应在同一隧道内的两侧同时进行清扫保洁；

d）清洁作业开始前，作业人员应向隧道监控中心报告，隧道监控中心应对隧道清洁全程监控，有情报板的应显示相应的提示内容。清洁结束后，作业人员应向隧道监控中心报告作业完毕。

8.3.4 隧道内路面清洁应符合下列规定：

a）路面清扫宜以机械作业为主，人工作业为辅；

b）清洁时，应注意路面脏污部位的清扫。路面两侧边缘应清扫到位，对紧急停车带、横洞洞口应减速慢行清扫，必要时辅以人工清扫；

c）当路面被油类物质或其他化学品污染时，应及时采取必要的措施清除污垢，并用清洁剂清洗干净。

8.3.5 隧道顶板和内装饰清洁应符合下列规定：

a）顶板和内装饰的清洁宜以机械作业为主，人工作业为辅；

b）采用湿法清洁作业时，应注意保护隧道内机电设施的安全，防止污水渗入机电设施；

c）采用干法清洁作业时，应严格遵守清扫机械操作规程，避免损伤顶板或内装饰；

d）清扫时应采取必要的降尘措施。

8.3.6 隧道的排水设施清理和疏通作业应符合下列规定：

a）在雨季，应加强对排水设施的检查和清理疏通工作；

b）对纵坡较小的隧道或隧道的洞口区段，应加强其清理和疏通工作。

8.4 结构检查

8.4.1 土建设施的结构检查分为经常性检查、定期检查、应急检查和专项检查四类，并应满足下列要求：

a）经常性检查应对土建设施的外观状况进行一般性定性检查；

b）定期检查应按规定频率对土建设施的技术状况进行全面检查；

c）应急检查应在隧道遭遇自然灾害、发生交通事故或出现其他异常事件后对遭受影响的结构进行详细检查；

d）专项检查应根据经常性检查、定期检查和应急检查的结果，对需要进一步查明引起病害的原因或检查中难以判明原因的结构病害严重部位进行专门的检测、分析工作。

I 经常性检查

8.4.2 通过经常性检查发现早期破损、显著病害或其他异常情况后，应制订维修计划，进行保养小修。

8.4.3 经常性检查应由经过培训的专职隧道养护管理人员或有一定经验的工程技术人员负责。

8.4.4 经常性检查宜以目测为主，配合以简单的检查工具进行，并应按附录A中表A.1进行记录，登记所检查的缺损类型，估计破损范围程度以及养护工作量，关键部位病害附照片，并提出相应的养护措施。

8.4.5 隧道经常性检查频率不少于1次/月，在遇恶劣天气、汛期、雨季、冰冻、重大活动等特殊情况时，应加大检查频率。

8.4.6 经常性检查记录应每月定期整理归档，并提出评价意见。检查过程中发现设施明显损坏，影响车辆和行人安全，应及时采取相应的维护措施，并立即向主管部门报告。

8.4.7 经常性检查应包括下列内容，其判定标准宜按附录A中表A.2执行。

a）土建设施的外观情况：

1）洞口：边（仰）坡有无危石、积水、积雪，洞口有无挂冰，构造物有无开裂、倾斜、沉陷等；

2）洞门：结构有无开裂、倾斜、沉陷、错台、起层、剥落、渗漏水、挂冰等；

3）衬砌：结构有无裂缝、错台、起层、剥落、渗漏水、挂冰等；

4）路面：有无落物、油污、滞水、结冰，路面拱起、坑槽、开裂、错台等；

5）排水设施：有无破损、堵塞、积水、结冰等；

6）吊顶和内装：有无变形、破损、漏水、脏污等。

b）城市道路管理条例中规定的各类违章现象。

c）检查在隧道内的施工作业情况。

d）其他比较明显的损坏及不正常现象。

Ⅱ 定期检查

8.4.8 定期检查是按规定周期对土建设施的基本技术状况进行全面检查，系统掌握结构基本技术状况，评定结构物功能状态。

8.4.9 定期检查周期应根据隧道技术状况类别确定，宜每年 1 次，最长不得超过 3 年 1 次。定期检查宜安排在春季或秋季进行。新建隧道应在交付使用 1 年后进行首次定期检查。

8.4.10 定期检查应由专职隧道养护工程技术人员负责，并对每座隧道制订相应的检查计划和实施方案。

8.4.11 定期检查宜采用步行方式，配备必要的检查工具或设备，进行目测或量测检查，并应按附录 A 中表 A.3 及时进行记录，将检查数据及病害绘入附录 A 中表 A.4，检查内容应包括：

a）洞口：山体有无滑坡、岩石有无崩塌的征兆，挡墙、边坡、护坡等有无缺口、潜流涌水、沉陷、塌落、变形、位移等；

b）洞门：墙身有无开裂、裂缝，顶部有无起层、剥落，结构有无倾斜、沉陷、断裂，洞门与洞身连接处有无明显的环向裂缝，有无外倾趋势，混凝土保护层有无剥落，钢筋有无外露、锈蚀等；

c）衬砌：在拱顶或拱腰部位有无裂缝、开裂、剥落，衬砌表层有无起层、剥落，墙身施工缝有无开裂、错位，洞顶有无渗漏水、挂冰等；

d）路面：路面上有无塌（散）物、油污、滞水、结冰，路面有无拱起、沉陷、错台、坑槽、开裂等；

e）排水设施：结构有无破损，边沟盖板是否完好，沟管有无开裂漏水，排水沟（管）、积水井等有无淤积堵塞、滞水、结冰；

f）吊顶和内装饰：有无变形、破损、锈蚀、松动、漏水、脏污；

g）安全、监测设施：是否完好，监测点位是否损坏。

8.4.12 检查时，应尽量靠近结构，依次检查各个结构部位。注意发现异常情况和原有异常情况的发展变化，并分析病害的成因，给出判定结论。对于有异常情况的结构，应在其适当位置做出标记。检查结果宜尽可能量化。

8.4.13 定期检查完成后，应提交土建设施定期检查报告，内容应包括：

a）对照城市隧道的基本数据以及沉降观测点校核；

b）实地判断损坏原因，估计维修范围和方案，需要采取处治措施的建议；

c）对土建结构技术状况和功能状态的评价；

d）对土建结构养护维修状况的评价及建议；

e）对难以判断其损坏程度和原因的构件，需要实施专项检查的建议；

f）对损坏严重、危及安全的城市隧道，提出暂时限制交通的建议；

g）应附上检查记录表、隧道展示表以及其他有关检测记录资料。

Ⅲ 应急检查

8.4.14 隧道遭遇自然灾害、发生交通事故或出现其他异常事件后，应及时对遭受影响的结构进行应急检查，掌握结构受损情况，为采取对策措施提供依据。

8.4.15 应急检查应由专业人员根据受异常事件影响的结构，决定采取的专门技术方法、工具和设备，并辅以现场和实验室测试等特殊手段进行详细检查和综合分析形成检查结果，检查结果应提交书面报告。

8.4.16 应急检查应按定期检查的标准判定，当难以判明破损的原因、程度等情况时，应做专项检查。

8.4.17 检查结果的记录与定期检查相同。检查完成后，应提交应急检查报告，包括下列内容：

a）检查记录；

b）评估异常事件的影响；

c）给出判定结论；

d）确定合理的对策措施。

Ⅳ 专项检查

8.4.18 专项检查应完整掌握破损或病害的详细资料。

8.4.19 专项检查应由具有相应资质的专业单位承担，主要检测人员应具有5年以上土木及相关专业工程师资格。

8.4.20 专项检查应根据定期或应急检查的结果有针对性地确定检查项目及内容，专项检查项目及内容可按表8选择执行。

表8 专项检查项目表

检查项目		检查内容
结构变形检查	道路线形、高程检查	道路中线位置、路面高度，以及纵横坡度等测量
	隧道横断面检查	隧道横断面测量，隧道内壁间距测量
	净空变化检查	隧道净空收敛测量
	节段及隧道整体沉降检查	隧道各节段间差异沉降及隧道整体沉降测量

续　表

检查项目		检查内容
裂缝检查	裂缝调查	裂缝的位置、宽度、长度、范围或程度
	裂缝检查	裂缝的发展变化趋势及其速度；裂缝的方向及深度
漏水检查	漏水调查	漏水的位置、浑浊、水源及原有防水设施的状态
	漏水检查	水温、pH 值检查、电导度检测、水质化学分析
	排水设施	堵塞、破坏状况
材质检查	结构强度检查	强度简易测定，钻孔取芯，各种强度试验
	结构表面病害	起层、剥落、蜂窝、麻面、空洞、露筋
	混凝土碳化深度检测	采用酚酞液检查混凝土的碳化深度
	防火板检查	防火板的尺寸、规格、耐火时限、锚固质量
	钢筋锈蚀检查	剔凿检测法、电化学测定法、综合分析判定法
结构及背后回填状况检查	无损检查	无损检测结构厚度、空洞、裂缝和渗漏水，钢筋位置及保护层厚度、洞内路面结构层厚度及密实程度
	钻孔检查	钻孔测定结构厚度，内窥镜观测结构及回填土体内部状况
安全保护区内洞顶路面质量检查	无损检查	无损检测路面密实度，确定隧道上部回填土体密实程度与有无明显渗流通道延伸至隧道内部
安全保护区域内雨（污）水管道	无损检查	管道排水是否通畅
荷载状况检查	结构应力及墙背压力检查	结构不同部位的应力及其变化、墙背压力的分布及其变化
	水压力检查	地下水丰富的隧道检查结构背后水压力大小、分布及变化规律

8.4.21　实施专项检查前，检测单位应对竣工资料、历次

隧道定期检查和应急检查报告、历次维修资料等有关的技术资料、档案进行调查，并应对隧道周围的地质及地表环境等展开实地调查。

8.4.22 检查完成后，应提交专项检查报告，内容应包括：

a）检查的主要经过，包括检查的组织实施、时间和主要工作过程等；

b）所检查结构的技术状况，包括检查方法、试验与检测项目及内容、检测数据与结果分析以及对破损结构的技术状况评价等；

c）阐述检查结构的损坏原因和程度，评价隧道继续使用的安全性；

d）对病害成因、范围、程度等情况进行分析，提出结构及局部构件的维修、加固或改造的建议方案及所需要资金等建议。

8.4.23 对专项检查结果不满足要求的城市隧道，在维修加固之前，应采取封闭交通措施，并应继续检查结构变化。

8.5 技术状况评定

8.5.1 土建设施技术状况评定应分为 1 ～ 5 类，评定类别描述见表 9。评定应先逐洞、逐段对隧道结构各分项技术状况进行状况值评定，在此基础上确定各分项技术状况，再进行土建设施技术状况评定。评定结果应填入附录 B 表 B.1。

表 9 土建设施技术状况类别

技术状况评定类别	评定类别描述
1 类	完好状态。无异常情况，或异常情况轻微，对交通安全无影响

技术状况评定类别	评定类别描述
2类	轻微破损。存在轻微破损，现阶段趋于稳定，对交通安全无影响
3类	中等破损。存在破坏，发展缓慢，可能会影响交通安全
4类	严重破损。存在较严重破坏，发展较快，已影响交通安全
5类	危险状态。存在严重破坏，发展迅速，已危及交通安全

8.5.2 隧道洞口、洞门、衬砌、路面、检修道、排水设施、吊顶、内装饰等各分项技术状况评定标准应按附录B表B.2～表B.11执行。

8.5.3 土建设施技术状况评定方法应符合下列规定：

a）土建设施技术状况评分应按下式计算：

$$TJCI = 100 \times \left[1 - \frac{1}{4}\sum_{i=1}^{n}\left(TJCI_i \times \frac{w_i}{\sum_{i=1}^{n} w_i}\right)\right]$$

式中：w_i——分项权重；

$TJCI_i$——分项状况值，值域0～4。

b）分项状况值按下式计算：

$$TJCI_i=\max(TJCI_{ij})$$

式中：$TJCI_{ij}$——各分项检查段落状况值；

j——检查段落号，按实际分段数量取值。

c）土建设施各分项权重宜按表10取值：

表 10　土建设施各分项权重表

分项	分项权重 w_i	分项	分项权重 w_i
洞口	15	检修道	2
洞门	5	排水设施	8
衬砌	20	吊顶及预埋件	10
渗漏水	20	内装饰	5
路面	15		

8.5.4　土建设施技术状况评定分类界限值宜按表 11 规定执行。

表 11　土建设施技术状况评定分类界限值

技术状况	土建设施技术状况评定分类				
评分	1 类	2 类	3 类	4 类	5 类
TJCI	≥ 85	≥ 70，< 85	≥ 55，< 70	≥ 40，< 55	< 40

8.5.5　土建设施技术状况评定时，当洞口、洞门、衬砌、渗漏水、路面和吊顶及预埋件项目的评定状况值达到 3 或 4 时，对应土建设施技术状况应直接评为 4 类或 5 类。

8.5.6　在土建设施技术状况评定中，有下列情况之一时，应直接评定为 5 类隧道：

a）隧道洞口边仰坡不稳定，出现严重的边坡滑动、落石等现象；

b）隧道洞门结构大范围开裂、砌体断裂、脱落现象严重，可能危及交通安全；

c）隧道拱部衬砌出现大范围开裂、结构性裂缝深度贯穿衬砌混凝土；

d）隧道衬砌结构发生明显的永久变形，且有危及结构安全和交通安全的趋势；

e）地下水大规模涌流、喷射，路面出现涌泥沙或大面积严重积水等威胁交通安全的现象；

f）隧道路面发生严重隆起，路面板严重错台、断裂，严重影响交通安全；

g）隧道洞顶各种预埋件和吊顶严重锈蚀或断裂，各种桥架和挂件出现严重变形或脱落。

8.6 保养维修

8.6.1 土建设施的保养维修主要包括经常性或预防性的保养和轻微破损部分的维修等内容。

8.6.2 洞口的保养维修应满足下列规定：

a）洞口边仰坡上应无危石、浮土；

b）冬季时应清除积雪和挂冰，保持洞口边沟和仰坡上截（排）水沟的完好、通畅；

c）洞口挡土墙、护坡、排水设施等结构物无损坏；

d）挡墙应坚固、耐用、完好。挡墙应每季度检查一次，中雨以上降雨时应巡检，挡墙倾斜超过 20mm 或鼓胀、移位、下沉 20mm 时，应进行维修加固。挡墙拆断应及时加固，开裂超过 10mm 时，应进行局部封闭；

e）护坡应完好，下沉超过 30mm、残缺超过 $0.2m^2$，应及时维修。

8.6.3 洞门的保养维修应满足下列规定：

a）隧道洞门的养护，要求衬砌起层或剥落破损率小于 1‰，且每处不大于 $0.5m^2$；

b)对衬砌及洞顶的渗漏水要求,渗漏水量应符合设计规定,并及时将水流引入边沟排出；

c）冬季要求洞顶无挂冰。

8.6.4 路面的保养维修应满足下列规定：

a）沥青和水泥混凝土路面养护维修按 DB 3302/T 1069 的规定执行；

b）路面更新后的横坡和纵坡，应满足排水要求；

c）冬季应及时清除洞口处路面积雪。

8.6.5 竖井的保养维修应满足下列规定：

a）及时清除可能损伤通风设施或影响通风效果的异物；

b）维护井内排水设施的完好，保持水沟（管）的畅通；

c）对井内的检查通道或设施进行保养，防止其锈蚀或损坏。

8.6.6 排水设施的保养维修应满足下列规定：

a）维护隧道内外排水设施的完好，发现损坏及时修复；

b）排水管堵塞时，可用高压或压缩空气疏通。

8.6.7 裂缝的保养维修可采用如下方法：

a）聚合物封堵；

b）抹浆；

c）截断裂缝，防止因应力集中使裂缝继续扩展；

d）裂缝用防水材料填堵，局部灌浆，特别严重时应做补强处理。

8.6.8 吊顶和内装饰的保养维修应满足下列规定：

a）保持完好和整洁美观，如有破损、缺失应及时修复，不能修复的应及时更新；

b）不同的装饰层材料应采取相应的养护方法进行处理；

c）装饰层发生缺损、变形和压条翘起等应及时更换，节点有损坏或不牢应进行加固；

d）涂料层、装饰层脱落、风化、污染时，应进行修补、涂装处理。

9 机电设施

9.1 一般要求

9.1.1 机电设施养护应包括日常巡查、清洁作业、机电检修、技术状况评定等内容。

9.1.2 机电设施养护应充分考虑隧道内运行车辆、养护人员的安全。需要中断交通时，宜与土建设施养护计划综合考虑。

9.1.3 机电设施养护应使设备技术状态达到产品说明书、设计文件或有关规范的要求。

9.1.4 机电设施养护应配备专门的电工工具、测试仪器、清洁工具、安全防护设备及高空作业设备。对配备的专用工具应定期检查,耐高压工具试验1次/半年,测试仪器校对1次/年,安全防护设备及高空作业设备检查1次/季度。

9.1.5 养护人员应经上岗培训，熟练掌握设备的使用要领和技术特性。特殊工种上岗前应进行专门培训，并符合国家相关规定，经考核持证上岗。

9.1.6 机电设施养护应准确记录各种设备的检查情况，建立专门的技术档案，检查记录可按附录C中表C.1、C.2填写。

9.1.7 机电设施故障应准确记录，建立专门的技术档案，故障记录可按附录C中表C.3填写。

9.1.8 机电设施应按应急预案定期进行联调联试。

9.2 日常巡查

9.2.1 日常巡查应对供配电设施、照明设施、通风设施、给排水及消防设施、监控及通信设施的外观及运行状态进行检查应按附录 D 的规定执行，发现异常现象应及时采取相关措施。

9.2.2 养护等级为一级的隧道日常巡查频率应不少于 4 次 / 天，二级不少于 3 次 / 天，三级不少于 2 次 / 天。极端天气和交通量增加明显时应提高日常巡查的频率。

9.2.3 日常巡查宜采用人工和信息化手段相结合的方式。发现异常情况时，应予以报告，并做好记录，必要时进行拍照或摄像。

9.3 清洁作业

9.3.1 机电设施应保持外观干净、整洁、无污垢，及时做好清洁作业，并保证机电设施完好。

9.3.2 机电设施应根据污垢对设施功能影响程度、清洁方式和环境条件等因素进行清洁作业。

9.3.3 机电设施清洁作业频率应包括表 12 中的设施。

表 12 机电设施清洁作业频率

设施名称	设备名称	清洁作业频率		
		一级养护	二级养护	三级养护
供配电设施	外场配电箱、插座箱、控制箱	1 次 / 季度	1 次 /6 月	1 次 / 年
照明设施	隧道灯具、洞外路灯	1 次 / 月	1 次 /2 月	1 次 / 季度
给排水及消防设施	管道及阀门、消火栓、灭火设施、火灾报警设施、电光标志等	1 次 / 月	1 次 /2 月	1 次 / 季度
通风设施	轴流风机、射流风机	1 次 / 年	1 次 /2 年	1 次 /3 年

续 表

设施名称	设备名称	清洁作业频率		
		一级养护	二级养护	三级养护
监控设施	闭路电视、有线广播、紧急电话、横通道门、交通控制和诱导设施、光端机、交换机等	1次/月	1次/2月	1次/季度
	CO/VI检测器、风速风向检测器、亮度检测器、温度感应探测器等	1次/月	1次/2月	1次/季度

9.3.4 机电设施采用湿法清洁时，应注意保护人员安全和机电设施内部电气元件安全，并应防止液体渗入；采用干法清洁时，应采取必要的降尘措施，对清扫不能去除的污垢，经判别可用湿法清理时，可用清洁剂进行局部特别处理。

9.3.5 管道、阀门、消防栓防腐除锈宜一年一次。

9.4 供配电设施

9.4.1 供配电设施主要包括高压断路器柜、高压互感器与避雷器柜、高压隔离开关、高压负荷开关、电力变压器、低压开关柜、高低压母线、电力电缆、控制电缆等为隧道用电设施服务的供配电及辅助设施。

9.4.2 供配电设施运行管理应符合下列规定：

a）供配电设施的工作电压、工作负荷和控制温度应在额定值的允许变化范围内运行；

b）供配电设施在运行中，发现继电保护动作跳闸、电容器的断路器跳闸，在未查明原因前不得重新合闸运行；

c）供配电设施及周围环境应保持整洁、卫生；

d）按电力部门相关规程对供配电设施进行预防性试验。

9.4.3 供电线路的养护按照电力部门的有关规定进行。当供电线路存在异常情况时，应采取措施，并及时通知电力部门及养护管理单位，并应符合下列规定：

a）变压器、电容器等装置在运行中发生异常情况，当不能排除时，应立即停止运行，及时切换；

b）电容器在重新合闸前，必须使断路器断开，将电容器放电；

c）高压电气设备，应根据具体情况要求，选用含义相符的标志牌，并悬挂在适当位置；

d）供配电设施需要进行带电作业的项目，应使隧道内、变配电室、监控中心相互协调、密切配合，并严格按电气操作规程的有关要求进行。

9.4.4 供配电设施经常检修、定期检修主要项目及检修频率可按附录 E 中表 E.1 确定。

9.4.5 供配电设施的设备完好率不应低于 98%。

9.5 照明设施

9.5.1 照明设施主要包括基本照明、应急照明、景观照明及其附属设施。

9.5.2 照明设施经常检修、定期检修主要项目及检修频率可按附录 E 中表 E.2 确定。

9.5.3 照明设施的设备完好率应不低于 95%。

9.6 通风设施

9.6.1 通风设施主要包括轴流风机、离心风机、射流风机及其附属设施等。

9.6.2 通风设施的运行管理应符合下列规定：

a）根据隧道内 CO 浓度、烟尘浓度等控制风机的开启；

b）发生突然停电等不正常现象时，应立即采取措施，确保风机不发生故障；

c）风机在运行工作时，操作人员应注意风机的电流、电压的正常读数。

9.6.3 通风设施经常检修、定期检修主要项目及检修频率可按附录 E 表 E.3 确定。

9.6.4 通风设施的设备完好率不应低于 98%。

9.7 给排水及消防设施

9.7.1 给排水及消防设施主要包括给水水泵、雨水水泵、污水水泵和消防水泵，以及管道附属设施、火灾报警装置、紧急电话、消防设施、逃生通道等设施。

9.7.2 给排水及消防设施运行管理应符合下列规定：

a）泵房的设备应保持良好状态；

b）水泵在运行中，应注意观察各种仪表显示是否正常、稳定；

c）保持泵房的清洁卫生，各种器具摆放整齐；

d）应及时清除泵体、闸阀、管道的堵塞物；

e）隧道内防火门、防火卷帘、消防安全疏散指示标志、应急照明、机械排烟送风、火灾事故广播等设施应处于正常状态；

f）隧道内不得存放汽油、煤油等易燃物品。紧急停车带、行车（人）横洞不得堆放杂物；

g）隧道内禁止其他影响安全疏散的行为；

h）按照有关规定定期对消防设施进行全面检查测试，并出具检测报告，存档备查。对消防救援设施应当建立档案资料，记明配置类型、数量、设置位置、检查维修单位（人员）、更换药剂的时间等有关情况；

i）制订火灾应急预案；

j）建立健全消防档案，对消防档案统一保管、备查，消防档案应当包括消防安全基本情况和消防安全管理情况。消防档案应当详实，反映隧道消防工作的基本情况。

9.7.3 给排水及消防设施经常检修、定期检修主要项目及检修频率可按附录E中表E.4确定。

9.7.4 在汛期应提前做好防汛准备，检查排水设施是否完好。积水严重时，应立即封闭交通，排干积水后放行。

9.7.5 给排水及消防设施主要的设备完好率应达到100%。

9.8 监控及通信设施

9.8.1 监控及通信设施主要包括CO/VI检测仪、车流量检测仪、电视监控、广播、可变信息板、信息处理与控制软件等监视隧道运行状态、设备运转情况及控制相关设备运转的各种设施，以及相关的通信设施等。

9.8.2 监控及通信设施的运行管理应符合下列规定：

a）应按照设计要求布设，不得随意变动；

b）监控操作人员应对显示器进行巡视和记录，发现异常情况应及时处理；

c）非用于隧道养护的计算机软件，严禁在监控中心计算机上运行；

d）监控操作人员应掌握各种监控设施的基本操作和维护。

9.8.3 监控设施经常检修、定期检修主要项目及检修频率可按附录E中表E.5确定。

9.8.4 监控及通信设施的设备完好率不应低于98%。

9.9 技术状况评定

9.9.1 机电设施技术状况评定应根据日常巡查、经常检修和定期检修资料，结合设备完好率统计，确定机电设施的技术状况等级。

9.9.2 机电设施的技术状况评定宜每年1次，最长不超过3年1次。

9.9.3 机电设施技术状况应采用设备完好率进行评定，其计算方法应符合下列规定：

设备完好率应按下式计算，各类机电设施可按对运营安全的重要度建立设备完好率考核指标。

$$设备完好率 = \left(1 - \frac{设备故障台数 \times 故障天数}{设备台数 \times 日历天数}\right) \times 100\%$$

9.9.4 机电设施各分项技术状况的评定方法应符合下列规定：

a）机电设施各分项技术状况评定值分为0、1、2、3。机电设施各分项技术状况评定应按表13执行；

表13 机电设施分项技术状况评定表

分项	状况值			
	0	1	2	3
供配电设施	设备完好率≥98%	93%≤设备完好率<98%	85%≤设备完好率<93%	设备完好率<85%
照明设施	设备完好率≥95%	86%≤设备完好率<95%	74%≤设备完好率<85%	设备完好率<74%
通风设施	设备完好率≥98%	91%≤设备完好率<98%	82%≤设备完好率<91%	设备完好率<82%

续 表

分项	状况值			
	0	1	2	3
给排水及消防设施	设备完好率 100%	95% ≤设备完好率 < 100%	89% ≤设备完好率 < 95%	设备完好率 < 89%
监控及通信设施	设备完好率 ≥ 98%	91% ≤设备完好率 < 98%	81% ≤设备完好率 < 91%	设备完好率 < 81%

b）当机电设施各分项中任意关键设备的设备完好率为该分项各类设备完好率最低时，该分项技术状况按该关键设备的设备完好率评定。

9.9.5 机电设施技术状况评定方法应符合下列规定：

a）机电设施技术状况评定按下式计算。

$$JDCI = 100 \times \left(\frac{\sum_{i=1}^{n} E_i w_i}{\sum_{i=1}^{n} w_i}\right)$$

式中：E_i——各分项判定的设备完好率，0 ～ 100%；

w_i——各分项权重；

$\sum w_i$——各分项权重和；

$JDCI$——机电设施技术状况评分，0 ～ 100。

b）机电设施各分项权重宜按表 14 取值。

表 14 机电设施各分项权重表

分 项	分项权重 w_i	分 项	分项权重 w_i
供配电设施	23	给排水及消防设施	21
照明设施	18	监控及通信设施	19
通风设施	19		

c）机电设施技术状况评定分类界限值宜按表 15 规定执行。

表 15　机电设施技术状况评定分类界限值

技术状况评分	隧道机电设施技术状况评定分类			
	1 类	2 类	3 类	4 类
JDCI	≥ 97	≥ 92，＜ 97	≥ 84，＜ 92	＜ 84

9.9.6　对评定划定的各类机电设施，宜分别采取不同的养护措施：

a）1 类机电设施应进行正常养护；

b）2 类机电设施或评定状况值为 1 的分项设施，应进行正常养护，并对损坏设备进行针对性小修或局部中修工程；

c）3 类机电设施或评定状况值为 2 的分项设施，宜实施中修、大修或改扩建工程，并应加强日常巡查；

d）4 类机电设施或评定状况值为 3 的分项设施，应实施中修、大修或改扩建工程，加强日常巡查，并采取交通管制措施；

e）当各类机电设施的关键设备出现故障时，均应及时进行修复。

10 附属设施

10.1 一般规定

10.1.1 附属设施养护应包括日常巡查、清洁作业、检查评定、保养维修等内容。

10.1.2 附属设施应保持结构完好，并具有良好的使用功能。

10.1.3 附属设施日常巡查、检查评定应与隧道土建设施同时进行。

10.1.4 有特殊要求的附属设施应按相关规定进行养护，泵房、配电房、设备检修房、监控室、弱电机房等附属房屋设施的专业养护可按规定执行。

10.2 日常巡查

10.2.1 日常巡查是对附属设施使用情况进行的日常巡视检查，应巡查附属设施有无明显的结构变形破坏，电缆沟、附属房屋设施是否存在渗水、积水，洞口引道绿化区有无树木遮挡。

10.2.2 日常巡查中发现异常应进行记录、报告或处理。

10.3 清洁作业

10.3.1 附属设施的清洁作业频率不宜低于表16的规定值。

表 16　附属设施清洁作业频率

清洁作业项目	清洁作业频率
交通标识	1 次 / 月
电缆通道	1 次 / 季度
洞口限高门架	1 次 / 年
减光设施	1 次 / 年
洞口绿化、洞口雕塑	1 次 / 年
设备洞室	配电房、设备检修房、监控室、弱电机房 1 次 / 周，泵房 1 次 / 月
房屋设施	楼地面、墙台面 1 次 / 周，吊顶、门窗 1 次 / 月，地基基础、屋面 1 次 / 年

10.3.2　隧道的铭牌、限载牌和限高牌等交通标识应保持完整、清洁和醒目，若出现松动或倾斜，应及时修复，严重破损的应及时更换。

10.3.3　应定期清除电缆通道内的杂物积尘，保持电缆通道内整洁、设备洞室无积水。

10.3.4　应定期清除洞口限高门架脏污，保持限高标志清晰醒目，清除、修复门架撞击痕迹，矫正门架变形，保证满足限高要求。

10.3.5　洞口绿化与植被应与周围环境协调，清洁工作应满足下列要求：

a）适时修剪苗木，保持树木透光适度、通风良好，减少病虫害的发生；

b）适时修剪草皮，保持美观。

10.3.6　洞口雕塑、隧道铭牌宜定期清洗，保持整洁、美观。

10.3.7　应定期扫除遮光棚顶垃圾，保持减光设施正常减光效果及外观的干净、整洁。

10.3.8　应定期进行附属房屋设施清洁维护，保持房屋及周围环境的整洁、美观，周围场地应排水畅通。

10.4 检查评定

10.4.1 附属设施的检查可分为经常性检查和定期检查，附属房屋设施渗漏水、地基变形、基础沉降等异常情况可根据需要进行应急检查或专项检查。

10.4.2 隧道每年雷雨季节前应进行一次防雷检测，应对防雷设施缺陷进行整改，每次雷雨后应对防雷设施进行检查检测。

10.4.3 附属设施检查的主要内容应按表17执行。

表17 附属设施检查的主要内容

分项设施名称	经常性检查内容	定期检查内容
电缆通道	是否完好，有无涌水	是否完好，有无杂物、积水
设备洞室	是否完好，有无渗漏水，标志是否齐全	是否完好，有无渗漏水、杂物、积尘，标志是否齐全、清晰
联络通道	隔离设施是否完好，路面有无落物	隔离设施是否完好，路面是否清洁，有无破损、积水
洞口限高门架	门架有无变形，结构是否完好，标志是否齐全	门架有无变形，结构是否完好，标志是否齐全、清晰
洞口绿化	树木是否妨碍行车，遮挡照明，有无树木枯死	树木是否妨碍行车，遮挡照明，有无树木枯死、草皮失养，整体绿化效果是否美观
减光设施	结构是否完好	结构是否完好，减光效果是否正常
洞口雕塑、隧道铭牌	是否破损	表面有无脏污，是否破损
房屋设施	承重构件有无变形，墙体有无渗漏，地面、门窗是否完好	承重构件有无变形、裂缝、松动；非承重墙体有无渗漏、破损；屋面排水是否通畅、有无渗漏；地面、门窗是否完好；顶棚有无变形；水电等是否完好，能否正常使用
防雷设施	防雷装置安装是否牢固，有无腐蚀，连接点有无裂纹，引下线有无烧损痕迹	电源和信号输入端的保护器是否良好，外部防雷装置安装是否牢固，连接导线绝缘是否良好，接地电阻是否正常，进行预防性试验

续 表

分项设施名称	经常性检查内容	定期检查内容
交通标识	是否完好、清晰、醒目；有无脏污、遮挡、变形	是否正确；位置、高度和角度是否适当；连接构件是否牢固

10.4.4 应根据各分项设施完好程度、损坏发展趋势、设施使用正常程度等检查结果，确定各分项设施状况值。技术状况评定标准可按附录 F 执行。

10.4.5 应根据各分项设施状况值及分项权重，计算技术状况分值，确定附属设施技术状况。

表 18　附属设施各分项权重

分项设施	权重 w_i	分项设施	权重 w_i
电缆通道	12	减光设施	8
设备洞室	10	防雷设施	10
联络通道	10	洞口雕塑、隧道铭牌	4
洞口限高门架	10	房屋设施	18
洞口引道绿化	16	交通标识	2

注：表中附属设施出现增项时，可根据设施的重要性，参照分析设施权重和附录分项技术状况评定标准，确定增项设施的权重和状况值，纳入下式进行计算。

$$FSCI = 100 \times \left[1 - \frac{1}{2}\sum_{i=1}^{n}\left(FSCI_i \times \frac{w_i}{\sum_{i=1}^{n} w_i}\right)\right]$$

式中：$FSCI$——附属设施技术状况评分；

$FSCI_i$——各分项设施技术状况值，值域为 0 ～ 2，见表 F.1 ～ F.8；

w_i——各分项权重。

10.4.6 附属设施技术状况可分 3 类评定，分类判断标准及界限值宜按表 19 规定执行。

表 19 附属设施分类判定标准及界限值

设施技术状况分类	技术状态	*FSCI* 界限值
1 类	设施完好无异常，或有异常、破损情况较轻微，能正常使用	≥ 70
2 类	设施存在破损，部分功能受损，维护后能正常使用，应准备采取对策措施	40 ～ 70
3 类	设施存在严重破损，使用功能大部分或完全丧失，必须停用并采取紧急对策措施	＜ 40

10.4.7 对评定划分的各类设施，宜分别采取不同的养护对策：

a）1 类附属设施及评定为 0 的分项设施，正常使用，正常养护；

b）2 类附属设施及评定为 1 的分项设施，观察使用，保养维修；

c）3 类附属设施及评定为 2 的分项设施，停止使用，尽快进行维修加固。

10.5 保养维修

10.5.1 管理用房的保养维修应符合下列规定：

a）房屋屋面及墙体如发生渗漏应及时维修；

b）屋面墙体粉刷后，起壳、剥落、疏松等损坏部分应凿除并清理干净后重新粉刷；

c）房屋的木门窗壳两年油漆一次，损坏的窗门应及时修理或更换；

d）房屋的钢结构应定期维护，清除锈蚀，并按规定刷涂防锈漆和油漆。

10.5.2 防雷设施如有损坏、锈蚀应及时养护维修，并符合以下要求：

a）修换防雷接地装置前，应对接地体进行接地电阻测试，接地线和接地体焊接开焊、断裂的应修换，完好的应除锈刷防锈漆；

b）接地体锈蚀严重无法修复时，按查勘设计换装新接地体；

c）修换防雷装置前，对避雷网（带）、引下线等发生开焊、变形的应修复，对防锈漆脱落的应除锈刷漆；

d）修换接地装置及固件均宜采用镀锌制品，各连接点应牢固可靠。

10.5.3 电缆通道、设备洞室应进行保养，对破损的通道壁、洞室壁应进行修复，设备洞室的渗漏水应查明原因并进行处理，保持电缆通道、设备洞室的完好和正常使用。

10.5.4 洞口限高架与减光设施的结构应进行保养，门架结构破损或变形应进行修复，保证门架满足限高要求；减光设施的结构破损、遮光棚缺失应进行修复，保持减光效果正常。

10.5.5 对损坏的洞口雕塑、隧道铭牌应进行维修或更换。

11　安全与应急管理

11.1　一般要求

11.1.1　城市隧道养护管理单位应及时掌握隧道异常信息，做出预测，采用必要的预防性安全措施。

11.1.2　城市隧道进口必须设置限速的交通标志，有限高要求的隧道必须设置限高标志、限高架。

11.1.3　城市隧道范围内增加构筑物、风雨棚、广告牌、管线、堆载等静荷载或开挖土方应满足隧道安全技术要求，并经验算合格后方可实施。

11.1.4　城市隧道内禁止布设易燃、易爆等危险管线。

11.1.5　养护作业的安全防护应包括养护作业机械、人员的安全防护。

11.1.6　养护作业宜选择在交通量较小时段进行。作业现场应设置明显交通标志，并采取有效安全措施，确保隧道的行车安全和作业人员的生命安全。

11.1.7　禁止超载、超高、超长、超宽车，履带车以及载运易燃、易爆、剧毒、放射性等危险物品的车辆在城市隧道通行。

11.1.8　在安全保护区域内从事下列施工作业之一的，施工作业单位应事先征得养护管理机构同意，并提交安全保护设计方案，签订安全协议：

a）疏浚、挖掘 、堆载、降水作业等；

b）打桩、钻探、地下管线穿越、爆破、地基加固等。

11.1.9　应建立应急防灾组织体系，建立防灾机制，落实管理责任，做好突发性事故的应急处置预案，积极、妥善处理突发应急事件。

11.2 安全管理

11.2.1 养护作业前，应做好下列工作：

a）制订安全组织计划，确定合理的工作区；

b）养护作业人员必须接受专门的安全教育和作业规程训练；

c）养护作业人员，进入隧道应身穿反光安全标志服；

d）检测隧道内一氧化碳、烟雾等有害气体的浓度及能见度是否会影响施工安全；

e）对养护机械、设备及施工信号灯进行全面安全检查。

11.2.2 养护作业时，应遵守以下规定：

a）隧道养护作业及处理突发事件时，应在隧道入口设置相应的提示、警告标志，并由专职安全人员进行安全监督和交通疏导，养护作业人员不得随意走出安全保护区；

b）严禁将任何工具、材料或其他物品放到作业区外，应防止工具、材料或其他物品在车道上滑移、滚动；

c）在使用化学、有毒物品时应严格遵循相应安全操作规程和操作方法，做好防护措施，防止中毒。存放堵漏化工物品时和施工时严禁明火；

d）当遇大雾、雷雨、冰雪天气时，应暂停养护作业。在应急抢险、排除道路积水、消除冰雪时，宜封闭交通或疏导交通。

11.2.3 养护作业的交通安全措施可参考 DB 3302/T 1082 的相关规定，并应符合下列规定：

a）中修、大修、改扩建的工程项目应有交通疏导方案；

b）小修维护作业现场应采用交通锥、护栏划分出作业区和行驶区，夜间应设警示标志；

c）养护作业时应依据施工宽度和现场交通条件，采取局部封闭、单车道封闭、半幅路封闭或全幅路封闭；

d）采取道路局部封闭时，安全保护区域的布设应按顺序分别为警告区、上游过渡区、缓冲区、作业区、下游过渡区、终止区；

e）采取道路全幅封闭时，应在绕行路口的前方设置指路标志，在安全保护区的两端设置路障及警示标志。

11.2.4 隧道养护流动作业应满足下列规定：

a）养护流动作业宜包括巡查车、清扫车、牵引车、洒水车、冲洗车、登高车等施工车辆的行走作业；

b）作业车辆后方必须悬挂移动性施工标志；

c）行走作业车辆必须开启双侧转向指示灯、警示灯或箭式导向灯牌；

d）作业车辆应限速行驶，不得任意调头、倒车和逆向行驶；

e）随车作业人员必须在车辆前方区域内作业，如需停留作业时，应在车辆后方设置交通锥；

f）必须配用登高车、牵引车或其他重型车保护。配备的车辆应安全装置完好，车尾设置移动性施工标志牌及警灯；

g）作业人员不得在车身外档走动；

h）入口处设置“前方施工车辆慢行”的警告牌。

11.2.5 巡查作业除满足11.2.4规定外，还应满足下列规定：

a）巡查车辆应开启声光报警信号及打开双尾灯，停靠时放置警示牌；

b）巡查人员向监控中心报告，监控中心配合打开广播，提示车辆慢行。

11.2.6 隧道内清洁作业除满足11.2.4规定外，还应满足下列规定：

a）清洁作业车辆做好例保，不得带病操作；

b）清洁作业人员向监控中心报告，监控中心配合打开广播、信号灯等，提示通行车辆慢行。

11.2.7 电力设施、特种设备等有特别要求的维护，应按有关部门的安全操作规程执行。

11.2.8 攀登作业安全、操作平台安全、检测车安全应符合 DB 3302/T 1082 的相关要求。

11.2.9 高空作业应符合 JGJ 80 的相关要求。

11.2.10 用电作业应符合 JGJ 46 的相关要求。

11.2.11 养护作业完成后，应及时清理作业现场，并逆车流方向拆除交通管制标志，恢复隧道的正常使用状态。

11.3 应急管理

11.3.1 应急处置应坚持“以人为本、快速高效”的原则。

11.3.2 养护管理单位应建立城市隧道遭遇自然灾害和突发事件的预警机制，并制订应急预案，应急预案应包括：总则、组织指挥体系及职责、预警和预防机制、应急响应、后期处置、保障措施等。

11.3.3 应急预案发布后应配置应急物资，定期检查，并应定期组织演练，每年演练次数不应少于 1 次。

11.3.4 自然灾害、突发事故发生后，养护管理单位应及时进行先期处置，并及时向相关部门报告。

12 检查与验收

12.1 日常养护、小修工程的检查验收应符合下列规定：

a）养护管理单位应检查保养、小修的施工质量；

b）养护管理单位应及时检查保养、小修完成情况及损坏恢复程度；

c）养护管理单位应对小修验收归档。

12.2 中修及抢修工程的检查与验收应符合下列规定：

a）养护管理单位质量监理人员应对工程过程和隐蔽部分的施工进行检查和验收；

b）工程完成后，养护管理单位应对工程外观质量及隧道整体恢复程度提出验收意见，并报有关单位备案；

c）中修及抢修工程竣工资料应及时验收归档。

12.3 大修工程可按照国家现行标准进行验收，并应符合下列规定：

a）大修工程应建立严格的质量管理体系；

b）养护管理单位质量监理人员应对工程过程和隐蔽部分的施工进行检查和验收，并及时做好验收记录；

c）大修工程应按分项工程逐项进行验收；

d）大修工程竣工验收程序应符合下列规定：

1）工程竣工后，应先由施工单位按设计文件和隧道维修作业验收标准进行自检，做出自检记录和质量自评；

2）养护管理单位接到施工单位申请正式验收的报告后，应组织验收并进行质量评定；

3）工程内容符合设计文件、工程质量符合验收标准、竣工文件齐全完整时，养护管理单位应及时办理移交手续。如工程未达到验收标准，应提出整改意见，由施工单位及时整改，达到标准再进行复验；

4）大修工程竣工资料应及时验收归档。

12.4 隧道抢修工程、改扩建工程检查与验收应依据新建工程的质量标准进行。

13 档案管理

13.1 应以单座隧道为单位，建立包含有隧道竣工资料、日常巡查、检查及评定、保养维修等各类资料的养护技术档案。

13.2 养护档案管理宜逐步应用电子化、数据化，利用多媒体技术，建立信息管理系统。

13.3 在各类突发事故或设施严重损坏的处理过程中，必须及时记录、录像，尽可能多地掌握原始资料，并按规定报送相关信息。

附　录　A

（资料性附录）

土建设施经常性检查表及定期检查表

表 A.1　土建设施经常性检查表

年份日期	年　　月　　日	天气描述		巡查员	
设施、病害名称 \ 类别分项说明		里程桩号 \ 结构部位	基本正常 \ 病害情况描述	单位数量描述（单位分类）	备注
主体设施	接头（止水设施）				
	变形缝				
	剪力键				
	吊顶及各种预埋件				
	结构裂缝				
	洞口洞门				

续　表

年份日期	年　月　日	天气描述		巡查员	
设施、病害名称 \ 类别分项说明		里程桩号 \ 结构部位	基本正常 \ 病害情况描述	单位数量描述（单位分类）	备注
道路设施	沥青路面				
	水泥混凝土路面				
	窨井				
排水设施	边沟				
	横截沟				
	雨水井				
	雨水泵房				

续　表

年份日期	年　月　日	天气描述		巡查员	
设施、病害名称 \ 类别分项说明		里程桩号 \ 结构部位	基本正常 \ 病害情况描述	单位数量描述（单位分类）	备注
其他设施	变电所				
	挡墙				
	栏杆、护栏				
	内装饰、防火板				
渗漏水					
绿化植被					
红线周边情况					

表 A.2　土建设施经常检查内容和判定标准

项目名称	检查内容	判定标准	
		一般异常	严重异常
洞口洞门、引道挡墙	积水、积雪、挂冰；结构开裂、倾斜、沉陷等	存在积水、积雪隐患；洞口局部挂冰；引道挡墙局部开裂、倾斜、沉陷，有妨碍交通的可能	坡顶积水漫流或积雪坍塌；洞口挂冰掉落路面；引坡挡墙因开裂、倾斜或沉陷而致剥落或失稳
主体结构	结构裂缝、错台、起层、剥落	侧墙起层且出现剥落状况，尚未妨碍交通，将来可能构成危险	侧墙起层且出现剥落状况，已妨碍交通
	渗漏水	存在渗漏水，尚未妨碍交通	大面积渗水，或从顶板漏水严重，已妨碍交通
	挂冰、冰柱	存在结冰现象，尚未妨碍交通	顶部挂冰，形成冰柱，已妨碍交通
路面（引道及洞内）	落物、油污；滞水或结冰；路面拱起、坑槽、开裂、错台、裂缝、车辙、推移、坑槽和泛油	存在落物、滞水、结冰、裂缝等，尚未妨碍交通	落物较多，存在大面积路面滞水、结冰或坑槽，已妨碍交通
非机动车道、检修道、横通道及逃生通道	结构破损，盖板破损缺失；路面杂物、垃圾、积水；路面拱起、坑槽、开裂、错台	结构存在破损，盖板局部缺失；路面存在杂物、垃圾、积水，尚未妨碍交通	道路结构破损严重，盖板缺失较多路面拱起、坑槽、开裂、错台，已妨碍交通
排水系统	缺损、堵塞、积水、结冰	存在缺损、积水或结冰，尚未妨碍交通	沟管堵塞，积水浸流、结冰，设备破损严重，已妨碍交通
吊顶及各种预埋件	变形、缺损、漏水、挂冰	存在缺损、漏水，尚未妨碍交通	缺损严重，已妨碍交通

续 表

项目名称	检查内容	判定标准	
		一般异常	严重异常
内装饰、防火板	脏污、变形、松动、缺损、脱落	存在缺损、局部脱落，尚未妨碍交通	缺损、脱落严重，已妨碍交通
安全保护区域内洞顶路面及地面	洞顶路面完好度、路基密实度、地面沉陷	洞顶路面、地面存在沉陷、杂物垃圾堆积，可能会影响交通安全	洞顶路面、地面存在大面积沉陷、杂物垃圾堆积严重，已妨碍交通
安全保护区域内雨(污)水管道	管道是否通畅	管道淤塞，可能造成洞内渗漏水	管道淤塞严重，造成洞内大量/大面积渗漏水

表 A.3 土建设施定期检查表

年份日期	年　月　日	天气描述		检查人	
设施、病害名称 \ 类别分项说明		里程桩号 \ 结构部位	基本正常 \ 病害情况描述	单位数量描述（单位分类）	影像或图片（编号/时间）
主体设施	接头（止水设施）				
	变形缝				
	剪力键				
	吊顶及各种预埋件				
	结构裂缝				
	洞口洞门				
道路设施	沥青路面				
	水泥混凝土路面				
	窨井				

续 表

年份日期	年 月 日	天气描述		检查人	
设施、病害名称 \ 类别分项说明		里程桩号 \ 结构部位	基本正常 \ 病害情况描述	单位数量描述（单位分类）	影像或图片（编号/时间）
排水设施	边沟				
	横截沟				
	雨水井				
	雨水泵房				
附属设施	变电所				
	挡墙				
	栏杆、护栏				
	内装饰、防火板				
	电缆通道				

续 表

年份日期	年 月 日	天气描述		检查人	
类别分项说明 设施、病害名称		结构部位 里程桩号	病害情况描述 基本正常	单位数量描述 （单位分类）	影像或图片 （编号/时间）
钢结构采光顶					
渗漏水					
绿化植被					
红线周边情况					

A.4 隧道展示表

<table>
<tr><td>隧道名称</td><td></td><td>检查日期</td><td></td><td>检查人</td><td></td></tr>
<tr><td colspan="2">桩号</td><td colspan="4"></td></tr>
<tr><td rowspan="3">土建结构</td><td>左墙</td><td colspan="4"></td></tr>
<tr><td>顶部</td><td colspan="4"></td></tr>
<tr><td>右墙</td><td colspan="4"></td></tr>
</table>

注：隧道展示表图例可按图 A.1 所示采用。

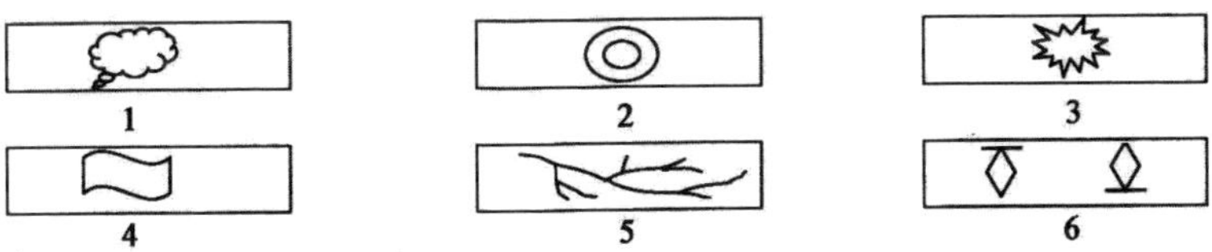

图 A.1 典型病害描述图例

1—出水冒泥；2—衬砌凸起；3—衬砌破损；4—墙体变形；5—衬砌开裂；6—漏水、挂冰

附　录　B

（资料性附录）

土建设施技术状况评定表及评定标准

附录 B.1　土建设施技术状况评定表

<table>
<tr><td>隧道情况</td><td colspan="2">隧道名称</td><td></td><td colspan="2">路线名称</td><td></td><td>隧道长度</td><td></td><td>建成时间</td><td></td></tr>
<tr><td>评定情况</td><td colspan="2">养护单位</td><td></td><td colspan="2">上次评定等级</td><td></td><td>上次评定日期</td><td></td><td>本次评定日期</td><td></td></tr>
<tr><td>分项名称</td><td>洞口</td><td>洞门</td><td>衬砌</td><td>渗漏水</td><td>路面</td><td>检修道</td><td>排水设施</td><td>吊顶及预埋件</td><td>内装饰</td></tr>
<tr><td>权重 w_i</td><td></td><td></td><td></td><td></td><td></td><td></td><td></td><td></td><td></td></tr>
<tr><td>评定状况值（0～4）</td><td></td><td></td><td></td><td></td><td></td><td></td><td></td><td></td><td></td></tr>
<tr><td colspan="4">$TJCI = 100 \times \left[1 - \frac{1}{4}\sum_{i=1}^{n}\left(TJCI_i \times \frac{w_i}{\sum_{i=1}^{n} w_i}\right)\right]$</td><td colspan="2"></td><td colspan="2">土建结构评定等级</td><td colspan="2"></td></tr>
<tr><td>养护措施建议</td><td colspan="9"></td></tr>
<tr><td>评定人</td><td colspan="4"></td><td colspan="3">负责人</td><td colspan="2"></td></tr>
</table>

表 B.2　洞口技术状况评定标准

状况值	技术状况描述
0	完好，无破坏现象
1	山体及岩体、挡土墙、护坡等有轻微裂缝产生，排水设施存在轻微破坏
2	山体及岩体裂缝发育，存在滑坡、崩塌的初步迹象，坡面树木轻微倾斜，挡土墙、护坡等产生开裂、变形，土石零星掉落，排水设施存在一定裂损、堵塞
3	山体及岩体严重开裂，坡面树木明显倾斜，挡土墙、护坡等产生严重开裂、明显的永久变形，墙角或坡面有土石堆积，排水设施完全堵塞、破坏，排水功能失效
4	山体及岩体有明显而严重的滑动、崩塌现象，挡土墙、护坡断裂、外倾失稳、部分倒塌，坡面树木倾倒等

附录 B.3　洞门技术状况评定标准

状况值	技术状况描述
0	完好，无破坏现象
1	墙身存在轻微的开裂、起层、剥落
2	墙身结构局部开裂，墙身轻微倾斜、沉陷或错台，壁面轻微渗水，尚未妨害交通
3	墙身结构严重开裂、错台；边墙出现起层、剥落，混凝土块可能掉落或已有掉落；钢筋外露、受到锈蚀，墙身有明显倾斜、沉陷、错台趋势，壁面严重渗水（挂冰），将会妨害交通
4	洞门结构大范围开裂、砌体断裂、混凝土块可能掉落或已有掉落；墙身出现部分倾倒、垮塌，存在喷水或大面积挂冰等，已妨碍交通

附录 B.4　衬砌技术状况评定标准

状况值	技术状况描述	
	外载作用所致	材料劣化所致
0	结构无裂损、变形和背后空洞	材料无劣化
1	出现变形、位移、沉降和裂缝，但无发展或已停止发展	存在材料劣化，钢筋表面局部腐蚀，衬砌无起层、剥落，对断面强度几乎无影响
2	出现变形、位移、沉降和裂缝，发展缓慢，边墙衬砌背后存在空隙，有扩大的可能	材料劣化明显，钢筋表面全部生锈、腐蚀，断面强度有所下降，结构物功能可能受到损害
3	出现变形、位移、沉降、裂缝密集，出现剪切性裂缝，发展速度较快；边墙处衬砌压裂，导致起层、剥落，边墙混凝土有可能掉下；拱部背面存在大的空洞，上部落石可能掉落至拱背	材料劣化严重，钢筋断面因腐蚀而明显减小，断面强度有相当程度的下降，结构物功能受到损害；边墙混凝土起层、剥落，混凝土块可能掉落或已掉落
4	衬砌结构发生明显的永久变形，裂缝密集，出现剪切性裂缝，裂缝深度贯穿衬砌混凝土，并且发展迅速；由于拱顶裂缝密集，衬砌开裂，导致起层、剥落，混凝土块可能掉下；拱部背面存在大的空洞，且衬砌有效厚度很薄，空腔上部可能掉落至拱背；衬砌结构侵入建筑限界	材料劣化非常严重，断面强度明显下降，结构物功能损害明显；由于拱部材料劣化，导致混凝土起层、剥落，混凝土块可能掉落或已掉落

附录 B.5　渗漏水技术状况评定标准

状况值	技术状况描述
0	无渗漏水
1	衬砌表面存在浸渗，对交通安全无影响
2	衬砌拱部有滴漏，有小股涌流，路面有浸渗但无积水，拱部边墙因渗水少量挂冰，边墙脚积冰，不久可能会影响交通安全
3	拱部有涌流、侧墙有喷射水流，路面积水，沙土流出、拱部衬砌因渗水形成较大挂冰、胀裂，或涌水积冰至路面边缘，影响交通安全
4	拱部有喷射水流，侧墙存在严重影响行车安全的涌水，地下水从检查井涌出，路面积水严重，伴有严重的沙土流出和衬砌挂冰，严重影响交通安全

附录 B.6　路面技术状况评定标准

状况值	技术状况描述
0	路面完好
1	路面有浸湿、轻微裂缝、落物等，对交通安全无影响
2	路面有局部的沉陷、隆起、坑洞、表面剥落、露骨、破损、裂缝、轻微积水，可能会影响交通安全
3	路面出现较大面积的沉陷、隆起、坑洞、表面剥落、露骨、破损、裂缝、积水严重等，影响交通安全；抗滑系数过低引起车辆打滑
4	路面出现大面积的明显沉陷、隆起、坑洞、路面板严重错台、断裂、表面剥落、露骨、破损、裂缝、出现漫水、结冰或堆冰，严重影响交通安全，可能导致交通意外事故

附录 B.7　检修道技术状况评定标准

状况值	技术状况描述	
	定性描述	定量描述
0	护栏、路缘石及检修道面板均完好	–
1	护栏变形，路缘石或检修道面板少量缺角、缺损，金属有局部锈蚀，尚未影响其使用功能	护栏、面板、路缘石损坏长度≤ 10%，缺失长度≤ 3%
2	护栏变形损坏，螺栓松动、扭曲，金属表面锈蚀，部分路缘石或检修道面板缺损、开裂，部分功能丧失，可能会影响交通安全	护栏、面板、路缘石损坏长度＞ 10% 且≤ 20%，缺失长度＞ 3%且≤ 10%
3	护栏倒扶、严重损坏，侵入限界，路缘石或检修道面板缺损开裂或缺失严重，原有功能丧失，影响交通安全	护栏、面板、路缘石缺失率＞ 20%，缺失长度＞ 10%

附录 B.8　排水设施技术状况评定标准

状况值	技术状况描述
0	设施完好，排水功能正常
1	结构有轻微破损，但排水功能正常
2	轻微淤积，结构有破损，暴雨季节出现溢水，可能会影响交通安全
3	严重淤积，结构较严重破损，溢水造成路面局部积水、结冰，影响行车安全
4	完全阻塞，结构严重破损，溢水造成路面积水漫流、大面积结冰，严重影响交通安全

附录 B.9　吊顶及预埋件技术状况评定标准

状况值	技术状况描述
0	吊顶完好
1	存在轻微变形、破损、浸水，尚未妨碍交通
2	吊顶破损、开裂、滴水，吊杆等预埋件锈蚀，尚未影响交通安全
3	吊顶存在严重的变形、破损，出现涌流、挂冰，吊杆等预埋件严重锈蚀，可能影响交通安全
4	吊顶严重破损、开裂甚至掉落，出现喷涌水、严重挂冰，各种预埋件和悬吊件严重锈蚀或断裂，各种桥架和挂件出现严重变形或脱落，严重影响交通安全

附录 B.10　内装饰技术状况评定标准

状况值	技术状况描述	
	定性描述	定量描述
0	内装饰完好	—
1	个别内装饰板或瓷砖变形、破损，不影响交通	损坏率≤ 10%
2	部分内装饰板或瓷砖变形、破损、脱落，对交通安全有影响	损坏率＞ 10％，且≤ 20%
3	大面积内装饰板或瓷砖变形、破损、脱落，严重影响行车安全	损坏率＞ 20%

附　录　C

（资料性附录）

机电设施养护及故障检查记录

表 C.1　隧道弱电日常巡查表

检查人：　　　　　　　　　　　　　　　　　　检查日期：

检查项目	检查结果（合格的打“√”）	
中央控制系统		
消防系统		
广播系统		
CCTV 系统		
智能交通系统		
通信系统		
序号	设备保修及保养内容	处理结果
备注		

注：本表格内容可根据隧道机电设施状况适当调整。

表 C.2　隧道强电日常巡查表

<table>
<tr><td colspan="6" align="right">日期：　　　月　　日</td></tr>
<tr><td colspan="3">日班人员签字：</td><td colspan="3">巡查时间：　时　分至　时　分</td></tr>
<tr><td colspan="3">夜班人员签字：</td><td colspan="3">巡查时间：　时　分至　时　分</td></tr>
<tr><td colspan="2">交接班检查工具</td><td>工具：</td><td></td><td>钥匙：</td><td></td></tr>
<tr><td>项目</td><td>日班检查项目</td><td>检查结果</td><td>项目</td><td>夜班检查项目</td><td>检查结果</td></tr>
<tr><td rowspan="8">变电所</td><td>直流屏</td><td></td><td rowspan="8">变电所</td><td>直流屏</td><td></td></tr>
<tr><td>高压柜</td><td></td><td>高压柜</td><td></td></tr>
<tr><td>低压柜</td><td></td><td>低压柜</td><td></td></tr>
<tr><td>开关柜</td><td></td><td>开关柜</td><td></td></tr>
<tr><td>变压器</td><td></td><td>变压器</td><td></td></tr>
<tr><td>有功总电量</td><td></td><td>有功总电量</td><td></td></tr>
<tr><td>UPS</td><td></td><td>UPS</td><td></td></tr>
<tr><td>PLC控制柜</td><td></td><td>PLC控制柜</td><td></td></tr>
<tr><td rowspan="4">消防泵房</td><td>控制柜</td><td></td><td rowspan="4">排水泵房</td><td>控制柜</td><td></td></tr>
<tr><td>管道阀门</td><td></td><td>管道阀门</td><td></td></tr>
<tr><td>消防泵</td><td></td><td>雨污泵</td><td></td></tr>
<tr><td>压力表</td><td></td><td>PLC控制柜</td><td></td></tr>
<tr><td rowspan="4">管理中心</td><td>UPS</td><td></td><td rowspan="4">机电设备</td><td>照明系统</td><td></td></tr>
<tr><td>防雷柜</td><td></td><td>通风系统</td><td></td></tr>
<tr><td>消控室</td><td></td><td>信号灯</td><td></td></tr>
<tr><td>配电房</td><td></td><td>情报板</td><td></td></tr>
<tr><td rowspan="3">其他设施</td><td>检修通道</td><td></td><td rowspan="3">其他设施</td><td>检修通道</td><td></td></tr>
<tr><td>消防柜门</td><td></td><td>消防柜门</td><td></td></tr>
<tr><td>配电柜门</td><td></td><td>配电柜门</td><td></td></tr>
</table>

注：本表格内容可根据隧道机电设备状况适当调整。

表 C.3　机电设施故障月报表

编号	故障日	故障地点	设备名称	故障或事故概要	原因及处置	修复时间	备注
制表		复核			审定		

附　录　D

（资料性附录）

机电设施日常巡查

表 D.1　供配电设施巡查的项目及要求

序号	项目	要求
1	高低压配电柜	是否有外观破损、声响、发热、气味、放电、指示异常等现象
2	插座箱	是否有外观破损、声响、发热、气味等异常现象
3	变压器	是否有外观破损、声响、发热、气味等异常现象
4	直流屏（UPS、EPS 等）	是否有外观破损、声响、发热、气味、警报等异常现象，观察主机及电池运行状态
5	其他相关设备	是否有外观破损、声响、发热、气味、放电等异常现象

表 D.2　夜间及中间段照明亮度要求

<table>
<tr><td rowspan="3">计算行车速度（km/h）</td><td colspan="2">夜间及中间段亮度（cd/m^2）</td></tr>
<tr><td>双车道、单向交通量 N>700 辆 /h</td><td>双车道、单向交通量 N ≤ 700 辆 /h</td></tr>
<tr><td>双车道、双向交通量 N>360 辆 /h</td><td>双车道、双向交通量 N ≤ 360 辆 /h</td></tr>
<tr><td>60</td><td>≥ 7.5</td><td>≥ 5</td></tr>
<tr><td>30</td><td>≥ 5</td><td>≥ 2.5</td></tr>
</table>

注：当交通量在其中间值时，按内插考虑。

表 D.3 路面亮度总均匀度要求

设计交通量 N（辆 /h）		路面亮度总均匀度（cd/m^2）
双车道、单向交通	双车道、双向交通	
≥ 2400	≥ 1300	≥ 0.4
≤ 700	≤ 360	≥ 0.3

注：当交通量在其中间值时，按内插考虑。

表 D.4 路面亮度纵向均匀度要求

设计交通量 N（辆 /h）		亮度纵向均匀度（cd/m^2）
双车道、单向交通	双车道、双向交通	
≥ 2400	≥ 1300	≥ 0.7
≤ 700	≤ 360	≥ 0.5

注：当交通辆在其中间值时，按内插考虑。

表 D.5 通风设施巡查的项目及要求

序号	项目	要求
1	轴流风机	观察风机外观及运转状态，判断有无异常
2	射流风机	观察风机外观及运转状态，判断有无异常
3	通风管道	观察外观有无变形、破裂，接口处有无松脱，判断有无异常
4	CO/VI 及风速仪	检查数据实时上传情况，判断有无异常

表 D.6　给排水及消防设施巡查的项目及要求

序号	项目	要求
1	管道及阀门	观察外观，判断有无异常
2	消火栓及灭火器	观察外观及灭火器压力，判断有无异常
3	火灾报警设施	观察外观及报警信息，判断有无异常
4	水泵	观察运行电流、水泵流量及运转声音，判断有无异常

表 D.7　监控及通信设施巡查的项目及要求

序号	项目	要求
1	监控系统及设备	观察图像显示状态并检查主要功能，判断有无异常
2	信息采集和发布设备	观察图像显示状态并检查主要功能，判断有无异常
3	通信设施	检查通讯信号，判断有无异常
4	交通控制诱导系统	观察显示状态并检查主要功能，判断有无异常
5	闭路电视监控系统	观察图像显示状态，并检查图像切换及录像回放，判断有无异常

附　录　E

（资料性附录）

机电设施保养维修

表 E.1　供配电设施经常性检修、定期检修主要项目及检修频率

设施名称	检查项目	主要检查内容	经常检修	定期检修
			1 次 /1～3 月	1 次 / 年
高压断路器柜 *	断路器触头、真空泡	1. 触头有无烧损，接触是否紧密，动静触点中心是否相对		√
		2. 触头或真空泡是否损坏		√
		3. 操作机构是否正常，分、合闸是否符合生产厂家规定		√
	“五防”功能	1. 在断路器处于分闸位置时，手车能否抽出和插入		√
		2. 在手车处于不同位置时一次、二次回路是否正常		√
		3. 断路器接地开关的机械连锁是否正常		√
		4. 柜后的上、下门连锁是否正常		√
		5. 仪表板上带钥匙的控制开关是否正常		√
	穿墙套管	穿墙套管有无破损		√
	排气通道	排气通道有无堵塞		√
	二次端子	端子有无污染、松动		√

续 表

设施名称	检查项目	主要检查内容	经常检修	定期检修
			1 次 /1 ～ 3 月	1 次 / 年
高压断路器柜 *	线圈	线圈绝缘是否良好		√
	分合闸试验	1. 分合闸能否正常进行		√
		2. 电磁式弹簧操作机构有无卡塞，是否正常		√
	运行	1. 电气整定值是否满足电力要求		√
		2. 保护装置能否与中央信号系统协调配合		√
高压互感器与避雷器柜 *	高压互感器	有无污染、裂痕，绝缘是否良好		√
	避雷器	1. 避雷器外观有无损伤		√
		2. 有无放电痕迹		√
		3. 接地装置有无腐蚀		√
		4. 预防性试验		√
高压计量柜	电流互感器	有无污染、损伤，绝缘是否良好		√
	计量仪表	计量仪表有无污染，计量是否准确	√	
高压隔离开关和负荷开关 *	触头	1. 有无污染、损伤	√	
		2. 接触是否紧密	√	
		3. 灭弧装置是否烧损	√	
	操作机构	1. 操作机构有无污染	√	
		2. 有无卡塞，转动是否灵活		√

续 表

<table>
<tr><th rowspan="2">设施名称</th><th rowspan="2">检查项目</th><th rowspan="2">主要检查内容</th><th>经常检修</th><th>定期检修</th></tr>
<tr><th>1 次 /1 ～ 3 月</th><th>1 次 / 年</th></tr>
<tr><td rowspan="5">高压隔离开关和负荷开关 *</td><td rowspan="3">负荷开关</td><td>1. 触头有无烧损，接触是否紧密，动静触点中心是否相对</td><td></td><td>√</td></tr>
<tr><td>2. 操作机构是否正常，分合闸是否符合生产厂家规定</td><td></td><td>√</td></tr>
<tr><td>3. 采用 SF_6 绝缘和灭弧的装置应观测其壳体漏气率是否符合生产厂家规定</td><td></td><td>√</td></tr>
<tr><td rowspan="2">高压熔断器</td><td>1. 外观有无污染、烧伤痕迹</td><td>√</td><td></td></tr>
<tr><td>2. 熔断丝是否熔断</td><td>√</td><td></td></tr>
<tr><td rowspan="7">电力变压器 *</td><td rowspan="7">总体</td><td>1. 有无异常声响和过热</td><td>√</td><td></td></tr>
<tr><td>2. 噪声是否符合要求</td><td>√</td><td></td></tr>
<tr><td>3、内部线圈直流电阻是否符合生产厂家规定</td><td></td><td>√</td></tr>
<tr><td>4. 内部相间、线间及对地绝缘是否符合生产厂家规定</td><td></td><td>√</td></tr>
<tr><td>5. 铭牌是否污染</td><td></td><td>√</td></tr>
<tr><td>6. 绝缘套管有无污染及裂痕</td><td></td><td>√</td></tr>
<tr><td>7. 接线端子有无污染、松动</td><td></td><td>√</td></tr>
<tr><td rowspan="4">电力电容器柜 *</td><td rowspan="3">电力电容器</td><td>1. 外观有无污染，接头有无松动</td><td>√</td><td></td></tr>
<tr><td>2. 有无漏油、过热、膨胀现象</td><td>√</td><td></td></tr>
<tr><td>3. 绝缘是否正常，有无击穿现象</td><td>√</td><td></td></tr>
<tr><td>接触器</td><td>1. 有无机械卡塞，噪声是否符合要求</td><td>√</td><td></td></tr>
</table>

续　表

设施名称	检查项目	主要检查内容	经常检修	定期检修
			1次/1～3月	1次/年
电力电容器柜*	接触器	2. 线圈直流电阻是否符合生产厂家规定	√	
		3. 触头有无烧损痕迹，闭合是否紧密，动静触点是否中心相对	√	
		4. 能否正常动作	√	
		5. 引线接头有无污染、松动	√	
	控制器	能否正常工作	√	
	熔断器	1. 有无烧伤痕迹	√	
		2. 电熔丝是否完好	√	
	仪表	1. 外表有无污染	√	
		2. 仪表能否正常显示	√	
低压开关柜*	断路器	1. 外观有无污染、裂痕	√	
		2. 触头是否烧伤、接触是否紧密	√	
		3. 有无明显噪声	√	
		4. 脱扣器是否正常	√	
		5. 绝缘是否良好	√	
		6. 整定值能否满足系统保护要求	√	
		7. 引线接头有无污染、松动	√	

续 表

设施名称	检查项目	主要检查内容	经常检修	定期检修
			1次/1～3月	1次/年
低压开关柜*	接触器	按“电力电容器柜”中“接触器”执行		
	互感器	1. 有无污染	√	
		2. 绝缘是否良好	√	
		3. 外部接线是否断开	√	
	熔断器	按“电力电容器柜”中“熔断器”执行		
	二次回路	端子排是否污染，接线是否松动	√	
	仪表	按“电力电容器”中“仪表”执行		
	双电源转换开关	1. 外部检查 1）转换开关外壳是否清洁、完整、嵌接良好 2）外壳与底座接合是否紧密牢固，防尘密封是否良好，安装是否端正	√	
		2. 内部和机械部分检查 1）转换开关端子接线是否牢固可靠 2）构件是否磨损、损坏 3）转换开关端子有无锈蚀 4）手柄转动后，静触头和动触头是否同时分合 5）转换开关可动部分是否灵活，旋转定位是否可靠、准确 6）开关接线柱相间是否短路 7）控制是否达到要求 8）各部件的安装是否完好，螺丝是否拧紧，焊头是否牢固		√

续　表

设施名称	检查项目	主要检查内容	经常检修	定期检修
			1 次 /1 ～ 3 月	1 次 / 年
配电箱、插座箱、控制箱	断路器	按“低压开关柜”中“断路器”执行		
	接触器	按“电力电容器柜”中“接触器”执行		
	熔断器	按“电力电容器柜”中“熔断器”执行		
	二次回路	按“低压开关柜”中“二次回路”执行		
	箱体	接地是否良好	√	
	照明控制箱	1. 远程能否控制	√	
		2. 自动、手动操作是否正确	√（1 次 / 周）	
	风机启动及控制柜	1. 有无腐蚀积水	√	
		2. 接触是否良好	√	
		3. 远程能否控制	√	
电力线缆 *	总体	1. 外表有无损伤	√	
		2. 电缆线间、相间和对地绝缘是否正常		√
		3. 接头处是否正常，有无烧焦痕迹		√
		4. 电缆沟是否干净，有无杂物垃圾，有无积水，盖板是否完整	√	
		5. 高压架空线路和电缆线路及其附属设施巡查	√	
		6. 电缆工作温度是否正常		√

续 表

设施名称	检查项目	主要检查内容	经常检修	定期检修
			1 次 /1 ～ 3 月	1 次 / 年
电缆桥架、槽盒、托架及支架	总体	1. 外表有无变形、断开	√	
		2. 各部件连接是否紧密	√	
		3. 有无腐蚀	√	
		4. 接地是否良好	√	
变电所铁构件	总体	有无腐蚀		√
UPS 电源、EPS 电源 *	箱体	1. 清洁表面	√	
		2. 检测、紧固连接端子	√	
		3. 测量、记录输入、输出电压	√	
		4. 接地是否良好		√
	电池组	1. 电池组外观有无污染损伤，电池的电解液是否正常，温度是否正常	√	
		2. 电池电压是否正常	√	
		3. 电池的绝缘是否正常	√	
		4. 进行一次容量恢复试验		√
	充电机及浮充电机	1. 输出电压、电流是否正常	√	
		2. 整流装置是否正常	√	

注：带“*”的设备为该设施中的关键设备。

表 E.2　照明设施经常检修、定期检修主要项目及检修频率

<table>
<tr><th rowspan="2">设施名称</th><th rowspan="2">检查项目</th><th rowspan="2">主要检查内容</th><th>经常检修</th><th>定期检修</th></tr>
<tr><th>1 次 /1 ～ 3 月</th><th>1 次 / 年</th></tr>
<tr><td rowspan="8">隧道灯具</td><td rowspan="8">总体</td><td>1. 电压是否稳定，灯的亮度是否正常</td><td>√</td><td></td></tr>
<tr><td>2. 损坏灯泡的更换</td><td>√</td><td></td></tr>
<tr><td>3. 引入线检查、电磁接触器、配电箱柜是否积水</td><td>√</td><td></td></tr>
<tr><td>4. 开关装置有无异常</td><td>√</td><td></td></tr>
<tr><td>5. 对地绝缘检查</td><td></td><td>√</td></tr>
<tr><td>6. 清洁后进行照度测试，是否满足设计指标</td><td></td><td>√</td></tr>
<tr><td>7. 各安装部位有无松动、腐蚀</td><td></td><td>√</td></tr>
<tr><td>8. 超过灯具寿命周期后应进行照度测试</td><td>√
（1次/半年）</td><td></td></tr>
<tr><td rowspan="8">洞外路灯</td><td rowspan="3">灯杆</td><td>1. 外观有无裂纹，焊接及连接部位状况</td><td>√</td><td></td></tr>
<tr><td>2. 有无损伤及涂装破坏</td><td></td><td>√</td></tr>
<tr><td>3. 接地端子有无松动</td><td></td><td>√</td></tr>
<tr><td rowspan="3">基础</td><td>1. 设施状况是否稳定</td><td></td><td>√</td></tr>
<tr><td>2. 有无开裂、损伤</td><td></td><td>√</td></tr>
<tr><td>3. 锚具、螺栓有无生锈、松动</td><td>√</td><td></td></tr>
<tr><td rowspan="2">灯体</td><td>1. 有无损坏，亮度目测是否正常</td><td>√</td><td></td></tr>
<tr><td>2. 防护等级检查</td><td>√</td><td></td></tr>
</table>

续 表

设施名称	检查项目	主要检查内容	经常检修	定期检修
			1 次 /1 ～ 3 月	1 次 / 年
照明线路 *	总体	1. 回路工作是否正常	√	
		2. 有无腐蚀和损伤		√
		3. 托架是否松动及损伤		√
		4. 对地绝缘检查		√

注：带“*”的设备为该设施中的关键设备。

表 E.3　通风设施经常检修、定期检修主要项目及检修频率

设施名称	检查项目	主要检查内容	经常检修	定期检修
			1 次 /1 ～ 3 月	1 次 / 年
射流风机 *	总体	1. 风机运转过程有无异响	√	
		2. 风机运转时电流值是否额定值内	√	
		3. 风机反转是否正常	√	
		4. 维护性开启频率	√	
	各安装部位	1. 有无松动、腐蚀现象	√	
		2. 底座固定松紧程度	√	
	叶片	叶片是否清洁，有无异响		√
	电动机	1. 转动轴有无异响、振动、过热		√
		2. 润滑油的检查、更换及轴承清洗		√
		3. 电机的拆卸检查、油脂更换		√
		4. 防护情况检查		√
		5. 绝缘测试		√
		6. 三相电流平衡试验		√
		7. 运行中电机温升是否正常		√
轴流风机 离心风机 *	总体	1. 运转状态有无异响或异常振动	√	

续 表

设施名称	检查项目	主要检查内容	经常检修	定期检修
			1 次 /1 ～ 3 月	1 次 / 年
轴流风机 离心风机 *	总体	2. 各计量仪器、仪表读数是否正确	√	
		3. 基础螺栓及连接螺栓的状态有无异常		√
		4. 轴承温度、油温、油压有无异常		√
		5. 振动测试有无异常		√
		6. 叶片安装状态检查		√
		7. 维护性开启频率	√	
	减速机	1. 油量是否正常		√
		2. 有无异响，油温是否正常		√
		3. 更换油脂		√
	气流调节装置	1. 动作状态有无异常	√	
		2. 内翼有无损伤、裂纹		√
		3. 密封材料状态		√
	动翼、静翼及叶轮	1. 翼面有无损伤		√
		2. 焊接部位有无损伤		√
		3. 检查叶轮液压调节装置		√
	导流叶片及异型管	有无生锈、涂装剥离、螺母松动		√

续 表

设施名称	检查项目	主要检查内容	经常检修	定期检修
			1 次 /1 ～ 3 月	1 次 / 年
轴流风机 离心风机 *	驱动轴	1. 接头、齿轮润滑状态有无异常		√
		2. 传动轴的振动与轴承温度有无异常		√
		3. 加油脂		√
	电动机	1. 运转中有无异响、振动、过热	√	
		2. 连接部的工作状态	√	
		3. 绝缘测试		√
		4. 三相电流平衡试验		√

注：带“*”的设备为该设施中的关键设备。

表 E.4　给排水及消防设施经常检修、定期检修主要项目及检修频率

设施名称	检查项目	主要检查内容	经常检修	定期检修
			1次/1～3月	1次/年
火灾报警设施＊	感温、感烟探测器	1. 清洁表面	√	
		2. 各回路报警随机抽检试验		√
	双波长火焰探测器	1. 清洁表面	√	
		2. 各回路报警随机抽检试验		√
	手动报警按钮	1. 清洁表面	√	
		2. 检查防水性能	√	
		3. 报警信号及传输测试		√
		4. 各回路报警随机抽检试验		√
	火灾报警控制器	1. 清洁表面	√	
		2. 检查防水性能	√	
		3. 线缆连接是否正常	√	
		4. 报警试验	√	
液位检测器	总体	1. 电极棒液位控制装置检查	√	
		2. 浮球磁性液位控制器检查	√	
		3. 超声波液位计检查	√	
		4. 仪器检测精度标定	√	
消火栓及灭火器＊	总体	1. 有无漏水、腐蚀，软管、水带有无损伤	√	
		2. 消火栓的放水试验及水压试验	√	
		3. 泡沫消火栓的使用与防渣检查		√
		4. 确认灭火器的数量及有效期	√	
		5. 灭火器压力、腐蚀情况	√	
		6. 设备箱体及标识检查	√	

续　表

设施名称	检查项目	主要检查内容	经常检修	定期检修
			1次/1～3月	1次/年
阀门	总体	1. 外观检查，有无漏水、腐蚀	√	
		2. 操作试验是否正常	√	
		3. 导通试验	√	
		4. 保温装置的状况		√
水泵接合器 *	总体	1. 清洁表面、内部	√	
		2. 检查密封性	√	
		3. 送水加压功能是否正常		√
水喷雾灭火设施 *	总体	1. 检查系统组件工作状态	√	
		2. 检查设备外表	√	
		3. 检查管路压力	√	
		4. 检查报警装置	√	
		5. 检查系统功能	√	
		6. 清洗雨淋阀本体的密封圈		√
		7. 检查阀瓣断头的锁紧销		√
		8. 清洗控制阀和密封膜		√
		9. 管网耐压测试		√
水泵 *	总体	1. 运转时有无异响、振动、过热，压力上升时闸阀动作是否正常	√	
		2. 外观有无污染和损伤	√	
		3. 轴承部位加油与排气检查		√

续　表

设施名称	检查项目	主要检查内容	经常检修	定期检修
			1次/1～3月	1次/年
电动机	总体	1. 运转时有无异响、振动、过热	√	
		2. 外观有无污染、损伤	√	
		3. 电压、电流检测	√	
		4. 启动试验	√	
		5. 各连接部位情况		√
		6. 绝缘试验		√
给排水管*	总体	1. 有无漏水，闸阀操作是否灵活	√	
		2. 管支架是否腐蚀、松动		√
		3. 寒冷季节应做好洞外及隧道内水管的保温防冻工作		√
消防水池*	总体	1. 有无渗漏水	√	
		2. 水位是否正常	√	
		3. 泄水孔是否通畅	√	
		4. 水池的清洁		√
		5. 寒冷季节保温防冻检查		√
紧急电话*	总体	1. 外观有无污染、损伤	√	
		2. 通话效果试验	√	
		3. 内部检查		√
电光标志*	总体	1. 检查、调节 LED 发光亮度	√	
		2. 检查显示功能是否正常	√	
		3. 外观有无污染、破损、锈蚀，字迹是否清晰	√	

注：带“*”的设备为该设施中的关键设备。

表 E.5　监控及通信设施经常检修、定期检修主要项目及检修频率

设施名称	检查项目	主要检查内容	经常检修	定期检修
			1 次 /1 ～ 3 月	1 次 / 年
照度仪、风速仪、CO/VI 检测器	总体	1. 确认指示值是否正确	√	
		2. 安装是否松动	√	
闭路电视监控系统 *	摄像机	1. 外观有无污染、损伤	√	
		2. 动作确认	√	
		3. 调整焦距角度	√	
	安装部位	是否松动、锈蚀		√
	控制装置	1. 外观有无污染、损伤	√	
		2. 操作是否灵敏、正常	√	
		3. 联动试验	√	
		4. 机内保养		√
	编解码器	是否正常	√	
	视频矩阵	视频切换、控制是否正常	√	
	操作台	1. 外观有无污染、损伤	√	
		2. 功能是否正常	√	
	监视器	1. 外观有无污染、损伤	√	
		2. 图像是否清晰、稳定	√	
	硬盘录像机	1. 检查接线头有无松动	√	
		2. 测试硬盘录像机主要指标	√	
	磁盘阵列	1. 检查接线头有无松动	√	
		2. 测试磁盘阵列主要指标	√	

续　表

设施名称	检查项目	主要检查内容	经常检修	定期检修
			1次/1～3月	1次/年
大屏系统*	总体	1. 亮度一致性	√	
		2. 色彩、分辨率	√	
		3. 经RGB矩阵的PC信号质量	√	
		4. 经网络的PC信号质量	√	
		5. 对视频矩阵调用、切换	√	
		6. 开关视频、PC信号窗口	√	
		7. 电源测试		√
		8. 窗口缩放、移动、多窗口显示	√	
		9. 图像参数调整	√	
广播系统	播音装置	1. 接听试验	√	
		2. 外观有无污染、损伤	√	
		3. 电压及输出功率测定		√
	扩音装置	1. 外观有无污染、损伤	√	
		2. 电压、电流测量		√
		3. 确认输出功率		√
	操作平台	1. 外观有无污染、损伤	√	
		2. 播音试验		√

续　表

<table>
<tr><th rowspan="2">设施名称</th><th rowspan="2">检查项目</th><th rowspan="2">主要检查内容</th><th>经常检修</th><th>定期检修</th></tr>
<tr><th>1 次 /1 ～ 3 月</th><th>1 次 / 年</th></tr>
<tr><td rowspan="7">交通控制诱导系统</td><td rowspan="5">可变情报板</td><td>1. 外观检查</td><td>√</td><td></td></tr>
<tr><td>2. 查找不良像素管</td><td>√</td><td></td></tr>
<tr><td>3. 清洁像素管、电路板</td><td></td><td>√</td></tr>
<tr><td>4. 检测整体性能</td><td></td><td>√</td></tr>
<tr><td>5. 检查各接线端子</td><td></td><td>√</td></tr>
<tr><td rowspan="2">交通信号灯</td><td>1. 外观检查</td><td>√</td><td></td></tr>
<tr><td>2. 更换不良信号灯</td><td>√</td><td></td></tr>
<tr><td rowspan="11">通信设施*</td><td rowspan="5">光缆、电缆</td><td>1. 线路巡查</td><td>√</td><td></td></tr>
<tr><td>2. 尾纤（缆）、终端盒、配线架外观检查</td><td>√</td><td></td></tr>
<tr><td>3. 人孔内检查</td><td>√</td><td></td></tr>
<tr><td>4. 电缆绝缘电阻测试</td><td></td><td>√</td></tr>
<tr><td>5. 光缆、电缆防雷和接地装置检查</td><td></td><td>√</td></tr>
<tr><td rowspan="3">光端机</td><td>1. 发送光功率</td><td>√</td><td></td></tr>
<tr><td>2. 光接收灵敏度</td><td>√</td><td></td></tr>
<tr><td>3. 传输误码率</td><td>√</td><td></td></tr>
<tr><td rowspan="3">交换机</td><td>1. 外观灰尘</td><td>√</td><td></td></tr>
<tr><td>2. 设备运行情况和网络运行数据检查</td><td>√</td><td></td></tr>
<tr><td>3. 告警显示检查</td><td>√</td><td></td></tr>
</table>

续 表

设施名称	检查项目	主要检查内容	经常检修	定期检修
			1 次 /1 ～ 3 月	1 次 / 年
PLC 控制器 *	总体	1. 浪涌保护器检查	√	
		2. 加热器或散热器检查	√	
		3. 电源测试		√
		4. 数据采集周期	√	
		5. 发送控制命令时延	√	
		6. 独立运行功能测试	√	
		7. 通信功能	√	
		8. 传输性能	√	
		9. 自检功能检查	√	
监控室系统及设备 *	总体	1. 各部位清洁检查	√	
		2. 发热检查	√	
		3. 病毒防治		√
		4. 控制软件维护及系统联动		√
		5. 打印设备状况检查		√
		6. 系统时钟检查	√	
		7. 硬件设备运行状况检查	√	
		8. 设备功能与工作状态检查	√	
		9. 数据保存、备份	√	

注：带“*”的设备为该设施中的关键设备。

附　录　F

（资料性附录）

附属设施技术状况评定标准

表 F.1　电缆通道技术状况评定标准

状况值	技术状况描述
0	电缆通道结构完好或基本完好，通道内无杂物、积水或少量积水，能保障电缆正常或基本正常使用
1	电缆通道结构破损，积水，影响电缆正常使用但不影响交通安全
2	电缆通道破损严重，积水严重，严重影响电缆正常使用，可能会影响交通安全

表 F.2　设备洞室技术状况评定标准

状况值	技术状况描述
0	设备洞室结构基本完好，无渗漏水或少量渗漏水，标志齐全清晰，能保障设备正常使用
1	设备洞室结构损坏，渗漏水，标志缺失，影响设备正常使用，不影响交通安全
2	设备洞室结构破损严重，渗漏水严重，标志缺失，严重影响设备正常使用，可能影响交通安全

表 F.3　联络通道技术状况评定标准

状况值	技术状况描述
0	隔离设施整洁完好或基本完好，少量脏污，通道路面完好或轻微破损，排水基本通畅，能保障正常情况下通道处于封闭状态，紧急状况下能正常使用
1	隔离设施部分缺失，脏污严重，标志缺失，通道路面有微小沉陷、隆起、积水，能保障正常情况下车辆不误入，紧急情况下车辆能通过
2	隔离设施缺失，通道路面有明显坑槽、积水严重、标志缺失，不能保障正常情况下通道处于封闭状态及紧急状况下车辆通过

表 F.4　洞口限高门架技术状况评定标准

状况值	技术状况描述
0	门架结构完好或轻微破损，外观整洁，标志基本齐全，满足限高要求
1	门架结构破损、变形较严重，标志部分缺失，净空误差大但基本满足限高要求，不影响交通安全
2	门架结构破损或整体变形，标志缺失，净空误差很大不能满足限高要求，可能影响交通安全

表 F.5　洞口引道绿化技术状况评定标准

状况值	技术状况描述
0	树木透光舒适，无枯死，草皮适时修剪，整体绿化效果美观
1	无杂草、无枯死，发现苗木枯死及时清除补种，整体绿化效果较美观
2	苗木枯死、倾倒，草皮失养，严重影响市容市貌

表 F.6 洞口减光设施技术状况评定标准

状况值	技术状况描述
0	结构完好、整洁或轻微破损、脏污，减光效果基本正常
1	结构局部变形、破损，减光效果部分丧失，不影响交通安全
2	结构变形、破损严重，减光效果基本丧失，可能影响交通安全

表 F.7 洞口雕塑、铭牌技术状况评定标准

状况值	技术状况描述
0	完好、整洁美观
1	破损较严重，表面脏污非常严重，影响洞口美观
2	严重破损，需更换

表 F.8 附属房屋技术状况评定标准

状况值	技术状况描述
0	承重构件完好或基本完好，非承重墙体完好或少量损坏；屋面、墙体无渗漏或局部渗漏；楼地面平整完好或轻微裂缝，门窗基本完好；顶棚无明显变形；水电等设施基本完好，能正常使用
1	承重构件少量损坏，非承重墙体较严重损坏；屋面、墙体局部渗漏严重；楼地面严重起砂；门窗变形较严重或部分缺失；顶棚明显变形；水电等设施损坏较严重，基本无法正常使用
2	承重构件明显损坏，非承重墙体严重损坏；屋面、墙体严重渗水；楼地面严重起砂开裂；门窗严重变形较严重或部分缺失；顶棚明显变形；水电等设施严重损坏，无法正常使用

表 F.9　防雷设施技术状况评定标准

状况值	技术状况描述
0	安装牢固，无腐蚀、烧损痕迹，具有良好的保护性能
1	安装不牢固，有轻微腐蚀、烧损痕迹，连接点有裂纹，基本无法正常使用
2	安装不牢固，有明显腐蚀、烧损痕迹，接地电阻超过允许值，无法正常使用